図説
海賊

増田義郎

河出書房新社

プロローグ

海賊の歴史は古い

この本の主題は「海賊」である。海賊とは読んで字のごとく海の賊、すなわち海上の泥棒である。おそらくわれわれにもっともポピュラーな海賊像を与えてくれるのは、スティーヴンソンの『宝島』に出てくるシルヴァー船長をはじめとする何人かの荒くれ男の船乗りたちであろう。それなら話ははっきりしている。プロローグなど必要ないじゃないか、と思われる方もあるかもしれない。しかし、海賊の歴史は人間とともに古い。『宝島』の登場人物たちは、ある特定の地域と時代に生まれた海賊である。歴史上の各時代に現れた海賊は、異なった環境の産物であり、いろいろな特色に彩られている。だから、海賊と十把一からげに片づけるわけにはいかないのである。

おそらく、人間が海上に舟を浮かべて移動するようになった瞬間から、海賊は発生していたにちがいない。つまり、人間が文字を発明して出来事を記録するようになる以前から、海賊はいたにちがいない。もちろんそうした古い時代の海賊については、確かな証拠がない。われわれが知るかぎり、歴史に登場する最初の本格的な海賊は、古代史において「海の民」と呼ばれる謎の集団である。

「海の民」の正体は不明であり、どこから来たかもはっきりしないが、バルカン半島南部やエーゲ海を経由して地中海に侵入し、沿岸各地で大規模な掠奪《りゃくだつ》をおこなった。海賊と言うよりは移民集団と言ったほうがいいかもしれない。とにかく各地で海から攻撃をかけ、紀元前一三世紀末から一二世紀はじめにかけて、東地中海のそれまでの国家・社会体制を一挙に崩壊させた。ヒッタイト帝国は衰退し、ウガリト、エマルなどのフェニキアの港市も大きな破壊を受けた。エジプト新王国はやっとの思いで彼らを撃退したが、それ以後国は力が衰えて弱体化した。

このように、海賊は既成組織や国家・社会をゆるがす力を持つ場合が少なくない。もっとあとの時代の例をあげれば、中世のヴァイキングや、地中海の北アフリカ海岸、いわゆるバルバリア海岸のイスラムの海賊などは、いずれも根底からヨーロッパ社会をゆるがす力を持っていた。そしてその反対の極には、各国の艦隊に追われながら、商船や貨物船を襲って掠奪をおこなう孤独な海賊たちがいた。このふたつの中間には、いろいろな種類の海賊の歴史的展開があった。そこで、そのいくつかについて、以下に略述してみたいと思う。

図説
海賊

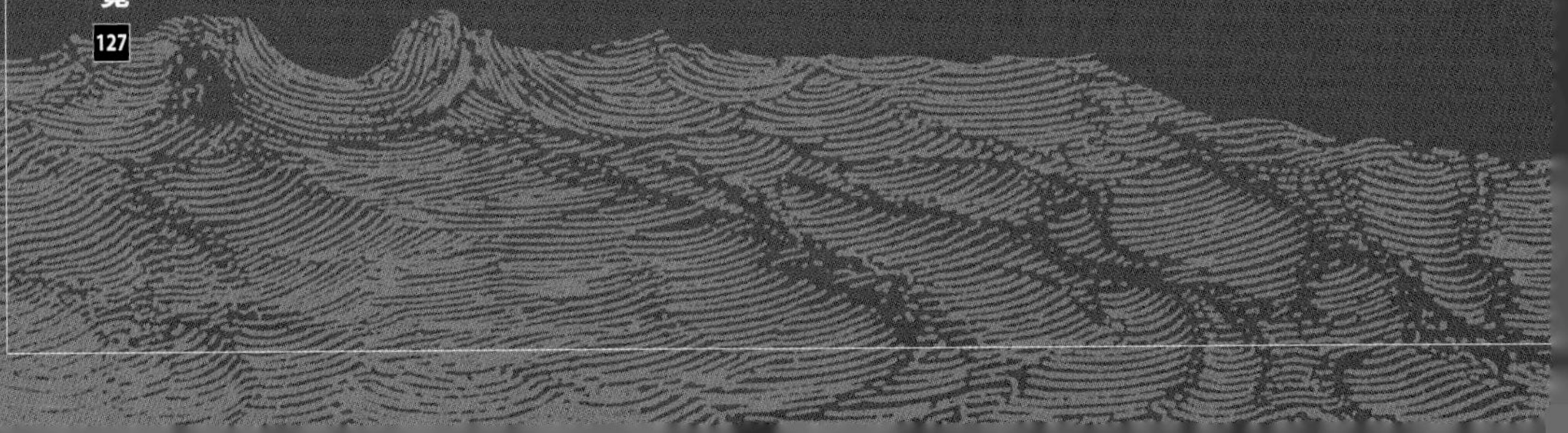

「黒髭の最後の戦い」
ハワード・パイル画

第1章

地中海の悪魔

古代世界

海の上のディオニュソス
紀元前6世紀ころの黒絵式陶器画。船の周りを泳ぐイルカたちは海賊を具象化したものと言われる。

ティルス
紀元前12一前4世紀にかけて、フェニキア人によって繁栄した都市。レバノン南西部に位置し、現在名はスール。もとは陸地から1キロほど離れた島だったが、アレクサンドロス王との戦いの際に陸続きとされ陥落した。映画『ベン・ハー』に登場する戦車競争はティルスの競技場が舞台である。写真はローマ時代の列柱道路。（レバノン共和国大使館提供）

シドン
レバノンの首都ベイルートから南南西に約50キロのところにある都市で、現在名はサイダ。ティルス同様フェニキアの主要都市として栄えた。写真は12世紀に十字軍によって築かれた砦。（レバノン共和国大使館提供）

海賊の巣ギリシャ

英雄も海賊をする

「海の民」（プロローグ参照）の侵攻のあとに生まれたのが、フェニキア人の海上活動である。フェニキア人たちは、シドン、ティルス（現在のレバノンのサイダ、スール）などの港市を中心として海上貿易を始め、西地中海のイベリア半島までの広い海域を縦横に駆けめぐって、さかんに交易をおこなった。そのため、フェニキア人は

航海するオデュセイア
船乗りを破滅させるセイレーンの歌を、部下の耳に栓を詰めさせ、帆柱に縛りつけられて聴くオデュセイア。3世紀。（チュニス・バルドー国立美術館所蔵）

フェニキアの船
（上）アッシリアのセンナケリブ王の宮殿壁面の彫刻。フェニキアの軍艦を表す。前7世紀。（英国博物館所蔵）
（下）紀元前2世紀のフェニキアの商船。（ベイルート国立博物館所蔵）

商人の代名詞にもなっている。しかし、彼らは、平和な商人ではなく、武装した商人だった。だから、時と場合によっては掠奪《りゃくだつ》行為もした。つまり、彼らは商人であると同時に海賊でもあった。

　同じことは、フェニキア人と張り合って海外商業活動を展開したギリシャ人についても言える。ギリシャは、乾燥して痩《や》せた土地が多かったから、海外から必要な物資を輸入しなければやっていけなかった。だから、ギリシャ人たちは、地中海を広く航海した。たとえばフランスのマルセイユなどは、ギリシャ人が建設した都市マッシリアから生まれた港町である。そしてこのギリシャ人たちも、商業取引だけでなく、海賊行為をどんどんおこなった。

　ギリシャは、海賊にとってひじょうに都合のよい地理的条件を備えていた。ギリシャ本土と小アジアおよびクレタ島を結ぶ海域、すなわちエーゲ海は、いわゆる多島海であって、キュクラデス諸島をはじめとする多くの島々がちりばめられており、海賊が隠れたり根拠地にするのに好適だった。だから、ここでギリシャの海賊が早くから活動したことは、歴史書や文学にも記されている。

　紀元前四六〇年ごろ、アテネに生まれた歴史家のトゥキュディデスは言っている。「大陸の沿岸や島嶼《とうしょ》に住んでいた者た

サントリン島の「西の家」
エーゲ海キクラデス諸島のサントリン（ティラ）は、紀元前1500年ころ港市として栄えたが、火山の爆発により島の大半が消滅した。島から出土したフレスコ画から、当時の地中海の港町のにぎわいがわかる。

フェニキアの奴隷船
紀元前1100年ころ、拡張期を迎えたフェニキアは、ギリシャをはじめ周辺諸国とたびたび戦争を重ねた。戦争で得た捕虜は、奴隷として本国の奴隷市場に送られた。

ちは、舟で海を渡って頻繁に往き来しはじめると、海賊行為を働くようになった」が、「仲間の首領を指導者にいただき……自分の利益や家族たちを養う糧を求めて、城壁の守りもなく村落のようにちらばったポリスを襲い掠奪をおこなっていた」（『戦史』久保正彰訳）。

有名なホメロスの『オデュッセイア』の中にも、海賊に関する言及はたくさんある。それだけでなく、トロイア戦争の英雄オデュッセウス自身が、海賊行為をはたらく場面まで出てくるのには驚かされる。

「トロイアを出発した時、ゼウスがかようにお仕向けなので、イーリオスから風は私を運んでいって、キコネス族の国へ近づけました。イスマロスの町へと。そこで私は城市を攻略し、市民らを掃討したのち、市中から婦女たちや、たくさんな財物などを奪い取って、仲間うちで分配しました」

エジプトでも掠奪をしている。すなわち、ナイルの河口に入港したとき派遣した斥候《せっこう》たちが、「おのれが血気の逸《はや》るに任せ、いきなりエジプト人らの立派に仕上げた田畑をさんざん荒らしたうえにも、女たちや玩是《がんぜ》ない幼児までを攫《さら》って来、男たち自身は殺していった……」（いずれも呉茂一訳）。

『ダフニスとクロエ』

これ以外にもギリシャ世界の海賊について記した文章は少なくない。

西暦紀元前後のヘレニズム時代に、エロティコイと呼ばれる一群の小説家たちがいた。恋愛小説の作家たちである。彼らの作品のなかでも有名なのは、ロンゴスが書いた『ダフニスとクロエ』であろう。そのほかにも、四篇の作品が完全なかたちで現在まで残っている。いずれも、夢のように純真な美少年と美少女の愛の物語であり、牧歌的な背景のもとに展開される（『ダフニスとクロエ』は、三島由紀夫の『潮騒』にインスピレーションを与えた）。ところがこれら五篇の小説には、かならずと言っていいほど海賊が登場するのである。

主人公たちは出会った瞬間から愛し合うが、ふたりの愛はすんなりとは実らない。いろいろな試練が待ち受けていて彼らの意図を阻む。そして海賊は、そうした障害の不可欠な要素となっていたらしい。ヘレニズム時代のギリシャでも、海賊の襲撃は、それほど日常茶飯事になっていたのであろう。とくに収穫期は海賊が跋扈《ばっこ》する時期であった。

「秋もようやく半ばになって葡萄の房もいろづいたころ、テュロスの海賊どもが、外国から来たと気づかれぬよう、カリア風の速舟にのって畑地におしよせ、剣だの胸当てだのに身を固めて舟から降りて何によらず手当り次第に、香りのよい酒、たくさんな麦、巣蠟のままの蜂蜜などを分捕りにかかった。そのうえドルコオンの飼牛の群からなん頭かを連れてゆき、ちょうど浜辺をぶらついていたダフニスまでとっつかまえた」（呉茂一訳）

テュロスの海賊どもとは、フェニキアの海賊の意味である。彼らが農畜産物だけでなく、美少年ダフニスを狙ったのは、「からだも大きく、美貌な少年」は、「畑から奪うものよりも金になる」と考えたからだった。つまり、古代の海賊は、人間も重要な商品と考えていたのである。実際、古代には人身売買の市場がいたるところにあった。美少年や美青年はしばしば去勢されて、ビザンツやオリエントの王宮に結構な値段で売却された。ギリシャおよびヘレニズムの世界では、それほど海賊活動が盛んだった。英語の海賊（パイラット）が、ギリシャ語のペイラテースから出ているのも、なるほどとうなずける。

脅かされるローマ帝国

ローマの地中海征服

トゥキュディデスが言っているように、しばしばポリスが海賊の攻撃の対象となった。武力や海上勢力を備えた有力なポリスでも、しばしば掠奪の危険から逃れることはできなかった。紀元前三世紀以後のポリスの衰退は、海賊活動をますます激化させ、東地中海はカオスの状態に陥った。マケドニア、シリア（セレウコス朝）、エジプトの角逐に加えて、ローマの台頭がポリスの運命を定めた。ポリスの衰退、そしてアレクサンドロスの大遠征（紀元前三三四—前三二五年）を経て、ヘレニズム時代（紀元前三三四—前三〇年）にはいると、東地中海における海賊の活動は激しさを増した。

初期のローマもこうした海賊の跳梁《ちょうりょう》に苦しんでいた。というよりは、敵対勢力の海からの攻撃に脅かされていた。いや、海賊ということばは、あまりにもローマ中心史観に捉われすぎている。初期のローマには、自己に匹敵するような政治勢力がいくつもあって、互いに争っていた、と言ったほうが正確である。

ローマが地中海世界を制覇するうえでもっとも重要だったのは、カルタゴとの闘争（紀元前二六四―前一四六年）だったが、それ以外にも敵対した勢力はたくさんあった。そしてそのいずれの場合にも、海賊の問題が正面に出てくる。ローマ興隆の歴史は、ほとんどがローマの視点から書かれた。もっとも有名なふたつは、ギリシャ人ポリュビオスとストラボンによって書かれたローマ史であり、当然ローマに抗する者は敵であり、海賊であるとの見方で貫かれている。

ひとつの例として、アドリア海東岸のダルマツィアにあった小王国イリューリアの場合を見てみよう。紀元前三世紀の後半、この小王国は支配地域を南に押し広げたため、ローマとの間に紛争が起こった。ローマはその口実を、イリューリアの海賊からイタリア商人を守るためとしたが、真意は、ギリシャ本土に勢力圏を拡大することにあった。イリューリアのアグロン王はこれに強く抵抗し、ローマの意図を阻んだ。王の死後はその妃テウタがローマに抵抗したため、イリューリアの〝海賊〟の活動はさらに激しくなった。ローマは女王に使節を送ったが、女王の色気に翻弄《ほんろう》され、会談は決裂して戦争となった。ローマは、ふたりの執政官に率いられた二万の歩兵、二〇〇〇の騎兵を二〇〇の船に乗せて送り出し、前二二九年に敵を破った。

ポントス王国は黒海南岸のリグリアにあった国だが、同地方はアジアからの通商路の終点にあたり、早くからローマ商人が進出していた。当然、在地勢力との衝突は避けられず、同王国のミトリダテス六世が周辺地域に進出を開始したとき、ローマがこれに挑戦し、前八九年から四年間にわたりポントスに侵入した。ミトリダテスはいったんは講和したが、その後、紀元前七七年と前六七年にも戦いがおこなわれ、結局王はポンペイウスに敗れて自殺した。

イリューリア女王テウタ
ダルマツィア地方、イリューリアの王アグロンは、海賊たちを率いる実力者で、ローマをさんざん悩ました。没後、妃のテウタが跡を継ぎ、海賊女王として君臨したので、ローマは危機を感じ、前229年に大軍を送って征服した。

ヘレニズム時代の海戦
ローマ帝国の地中海制覇にともない、地中海で激しい海戦がおこなわれた。同じころ東地中海の海賊が勢いを増し、ローマは苦しめられた。

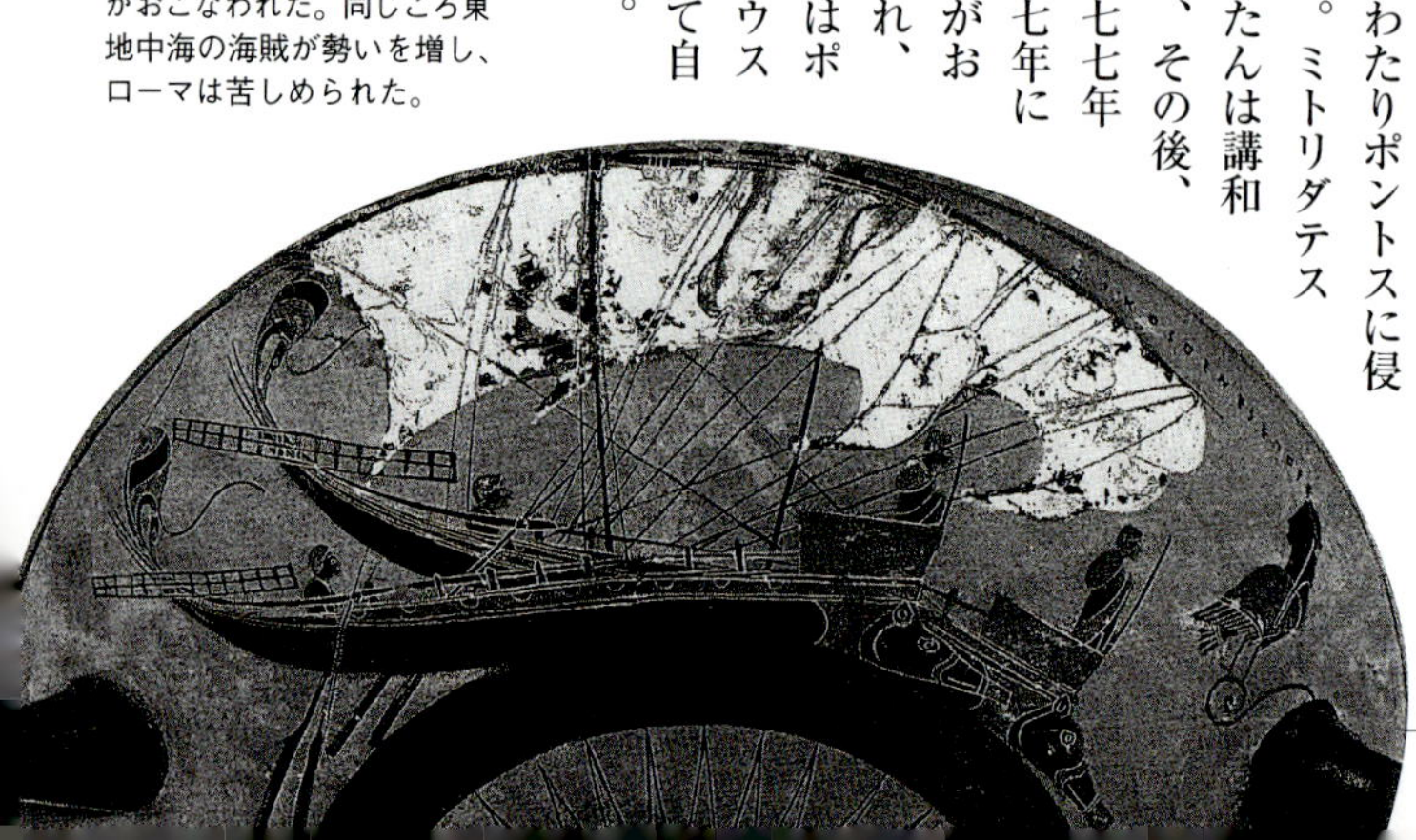

紀元前七〇年代、アナトリア（小アジア）南岸のキリキアとパンフィリアは〝海賊〟の巣となった。キリキアの海賊の起源は謎に包まれている。この地方で、もっとも早く掠奪活動を始めた海賊は、ディオドトス・トゥリホンであり、前一四〇年代にシリアのセレウコス王朝に戦いを挑んだ。前六三年の同王朝の滅亡後、海賊たちの活動がさらに激化し、キリキアとパンフィリアに根拠地が作られたのであろうと言われる。

ダルマツィア地方　現在のクロアチア、アドリア海沿岸部の地域。紀元前3世紀ごろはいくつかの小王国がありローマ帝国との紛争が絶えなかった。写真はダルマツィアにある中世の城塞都市ドゥブロヴニク。貿易都市として繁栄し、世界遺産にも登録された。（セブンフォト提供）

カエサルの復讐

紀元前八一年、ローマの独裁者スラの圧力を避けて、黒海南西岸のビテュニアの王ニコメデスのもとに行こうと航海していたローマの若い貴族がいた。その名はガイウス・ユリウス・カエサル。航海の途中、ファルマクーサ島沖で、彼の乗った帆船は海賊船に捕らえられてしまった。『プルタルコス英雄伝』によれば、「大艦隊と無数の輸送船をもって地中海を支配していた海賊」というから、キリキアの海賊であろう。海賊の頭目は、カエサルの高い身分を知って、身代金を手に入れるため、彼を助命することにした。海賊たちが、一〇ないし二〇タレントの身代金をせしめられるだろうと議論していたとき、カエサルは、「私の値打ちは五〇タレント以下ではないだろう」と言い放った。

乗客たちは海賊の隠れ家に上陸させられ、三八日を過ごすことになったが、カ

ガイウス・ユリウス・カエサル
紀元前100—44年。ローマ帝国の政治家。古代ローマの貴族ユリウス家に生まれる。政治家スラの政敵と結婚したため不興を買い、ローマを離れる。帰還後は、政治家として頭角を現し、ガリア戦争、アレクサンドリア戦争などを指揮した。

港の風景
ローマ、ファルネジーナ宮出土壁画。中央に帆を下ろした帆船が描かれ、右手に桟橋が見える。紀元前25—前19年。
（ローマ・国立美術館所蔵）

エサルは注意深く海賊たちの行動や慣習を観察した。そして雄弁をふるい、あげくのはてに、「お前たちを必ず十字架にかけてやろう」と断言した。五〇タレントの身代金がミレトスの総督のもとに送られ、カエサルは解放された。

自由を得たカエサルは、ミレトスの総督から四隻の帆船と五〇〇人の兵を借り受けて海賊の根拠地に向かい、酒盛りの最中の三五〇人すべてを捕らえた。カエサルの命令で、彼らは全員死刑に処せられた。その後彼は、スラの権力が衰えてからロードス島へ航海し、ローマの政治家キケロも学んだ修辞家アポロニウスの学校に入学した、という。

キリキアの〝海賊〟活動の激しさは、紀元前一世紀後半にますますつのり、イタリア半島の多くの都市が掠奪され、多数のローマ人たちが奴隷にされた。任地に向かうふたりの執政官が従者ともども捕らわれたこともあった。チャールズ・ジョンソンの『海賊史』によれば、「シチリア、コルシカその他から穀物を積んでローマに向かっていた船隊が、一隻残らず海賊の餌食になり、食料の供給が途絶えたローマが餓死の危機に瀕するに至って」元老院はやっと大規模な海賊討伐の計画を立てた。前六七年、ポンペイウスが総司令官に任ぜられ、五〇〇隻の船隊と、一〇万の歩兵および五〇〇〇の兵騎が、海陸からキリキアの海賊を攻め、開戦から三カ月で海賊勢力は壊滅したという。戦死した海賊は一万人、拿捕《だほ》された帆船は四〇〇隻、捕虜は二万人、そしてその二倍の数の船が破壊されたという。

ローマ時代のガレー船
帆走と櫂によって高速をあげることができた。櫂は船員によって漕がれる場合もあったが、多くは鎖につながれた奴隷が扱った。

column

海賊ということば

海賊は英語でパイラット（pirate）というが、これはギリシャ語のペイラテース（peiratēs）から出ており、さらにもとをたどれば動詞のペイレイ（peirei）、すなわち「ためす、襲う」に由来するという。ラテン語ではピラタ（pirata）であり、したがってロマンス語系のことばでもこれに従っている。ただしフランス語では、ピラト（pirate）のほかに、フォルバン（forban）ということばもあり、「布告の外」という意味だが、盗賊一般および海賊を指すという。

なお、ギリシャ語文献でもっとも古くペイラテースという語が出てくるのは、紀元前二六七年の碑文だそうである。それより以前にも使われ、たとえばホメロスなどにも見出される海賊を表す語は、レイステス（leistes）であり、レイス（leis）すなわち掠奪という語から出ている。

英語のフリーブータ（freebooter）は、読んで字のごとく、「自由に強奪する者」であって、おそらくオランダ語のヴリブイテル（vrijbuiter）から出たと思われるが、用例は一五七〇年以後である。これよりやや遅れて、一九世紀半ばからよく用いられるようになったのがフィリバスタ（filibuster）である。おそらく語源は同じだろう。

一六世紀のイギリス、とくにエリザベス朝に使われた「海の犬（sea dog）」ということばは、海賊と私掠《しりゃく》船員の両方を指す。後者は、国王ないし貴族から免許状をもらって、敵または敵性国家に対して海上掠奪をおこなった者たちであり、ほとんどすべての場合、国王や廷臣、または貴族たちの出資を受けていた。彼らは国策のもとに、海上の掠奪行為をおこなったのであり、私掠船員と呼ばれて海賊とは区別されるが、敵側から見ればりっぱな海賊だった。

私掠船員、英語で言うプライヴァティア（privateer）は、フランス語ではコルセール（corsaire）になる。ただしこの語は、英語の場合、中世末期から北アフリカ海岸に根拠地を持ってキリスト教徒を悩ませたイスラムの「海賊」を指す。

一七世紀のカリブ海の海賊はバッカニア（buccaneer）と呼ばれる場合が多い。これはフランス語のブーキャン（boucan）、すなわち燻製《くんせい》の肉を作るための「木の網」から出たことばであり、もともとはエスパニョラ島およびその北東端のトルトゥーガ島で、乾《ほ》し肉を作って航海者たちに売りつけた人々を指したが、やがてその肉を買うカリブ海の海賊の代名詞となった。フランス語のフリビュスチエ（flibustier）は、英語のバッカニアにあたることばと考えてよい。一八世紀の西インドの海賊を指すが、多くの場合、私掠船員的な性格を持っていた。ただしブーキャンはトゥビー語からフランス語に入ったという。

column

マルーナ（marooner）は一八世紀末に、カリブ海の海賊たちが西欧各国の海軍の徹底的追撃を受け、アフリカ海岸やインド洋のマダガスカル島に逃れて生き残った者たちを指す。マルーンとは、もともと中南米の奥地に逃れ住んだ黒人奴隷たちを指した。

以上のほかに、時代と地域に応じて用いられた海賊に対応する語はいくつかあるが、基本的に重要なのは、海賊という概念が相対的なものだということである。多くの場合、敵に恐れられ憎まれる残忍な海賊も、味方から見れば聖戦の戦士として称賛されるのであり、またその逆も然りである。

乾し肉をつくるバッカニア
17世紀、カリブ海のエスパニョラ島やトルトゥーガ島では、野生の動物を捕まえ、木の網で燻製を作る者が現れ、島に立ち寄る船に売りつけるようになり「ブーキャンニエ」（フランス語）と呼ばれた。やがて、その言葉は肉を買う海賊たちの代名詞に転じ、海賊たちは「バッカニア」（英語）と呼ばれるようになった。

第2章

北からやってきた男たち

中世

ヴァイキング船
船の両端とも船首のようにとがっており、その長さから“ロングシップ”と呼ばれた。
（模型製作・佐藤船舶工芸）

ヴァイキングの大航海

神の怒り

紀元七八九年、イングランド南西部海岸のドーセットに、北から見慣れない三隻の帆船《はんせん》が到着した。異様な兜《かぶと》をかぶり、剣を振りかざした数十人の戦士たちが上陸し、手当たりしだいに掠奪と破壊をおこなって、町は廃墟と化してしまった。これが、『アングロ・サクソン年代記』に記された最初のヴァイキング来襲の記事である。

七九二年には、イングランド中南部のマーシア王国のオッファ王が海賊と戦ったが、その翌年には、聖カスバートが建設した有名なリンディスファーン島の修道院が、ヴァイキングによって徹底的に掠奪された。大陸部にはじめてヴァイキングが侵攻したのは、七九九年だった。

これ以後、約一世紀半の間にイングランド、スコットランド、アイルランド、フランシア（フランク王国の領土）が、間断なく北からのヴァイキングの襲撃にさらされて、多くの住民が奴隷とされ、食料や財宝が掠奪された。イングランドとフランシアの人々に不安を与えたのは、北方からの来寇《らいこう》者が、それまでほとんど未知に等しい土地からの異邦人であり、奇怪な文様を彫りこんだ武器をたずさえ、自分たちの神々を信仰して、生け贄《にえ》を捧げる異教徒だったことである。

彼らの操る船も異様だった。長さ約二〇メートル、幅五メートル強。櫂《かい》によっても帆によっても航海でき、平均四〇名から六〇名の乗員を乗せることができた。櫂は左右三二本で、船首と船尾は水面から高くせり上がった独特な輪郭を持っていた。船首と船尾には甲板があり、その下に荷物が入れられた。ヴァイキングは船を埋葬する習慣があったので、発掘された船をもとに原型どおり復元することができた。それを走らせてみたところ、優に一〇ノットの速度が得られた。吃水《きっすい》は浅く、せいぜい一メートルあまりだっ

ヴァイキング来襲
789年、ヴァイキングによる初のイギリス来襲を描いたもの。数十人のヴァイキングにより、イングランド南西部ドーセットは一瞬のうちに廃墟と化した。（オスロ・ヴァイキング船博物館所蔵）

ヴァイキング船
ノルウェー、オスロのヴァイキング船博物館に所蔵されているヴァイキング船。長さ22メートル、幅5メートル。オールの孔は左右15ずつあった。

リンディスファーン島
793年、ヴァイキングにより襲撃を受けた島で、現在名はホーリー・アイランド。イギリス、ノーサンバランド州に位置し、干潮時にしか渡ることができない。635年ころリンディスファーン修道院が建てられた。五代目司教聖カスバートはヴァイキング来襲を予言したと伝えられている。（セブンフォト提供）

た。そのため、外洋から河川に入って遡航するのに便利だった。九世紀はじめ、

ヴァイキングは、しきりにイングランドやフランシアの河川をさかのぼって、内陸を襲った。

「ア・フローレ・ノルマンノルム・リベラ・ノス（神よ、われらをノルマン人の怒りから解き放ちたまえ）」。これは当時の人々

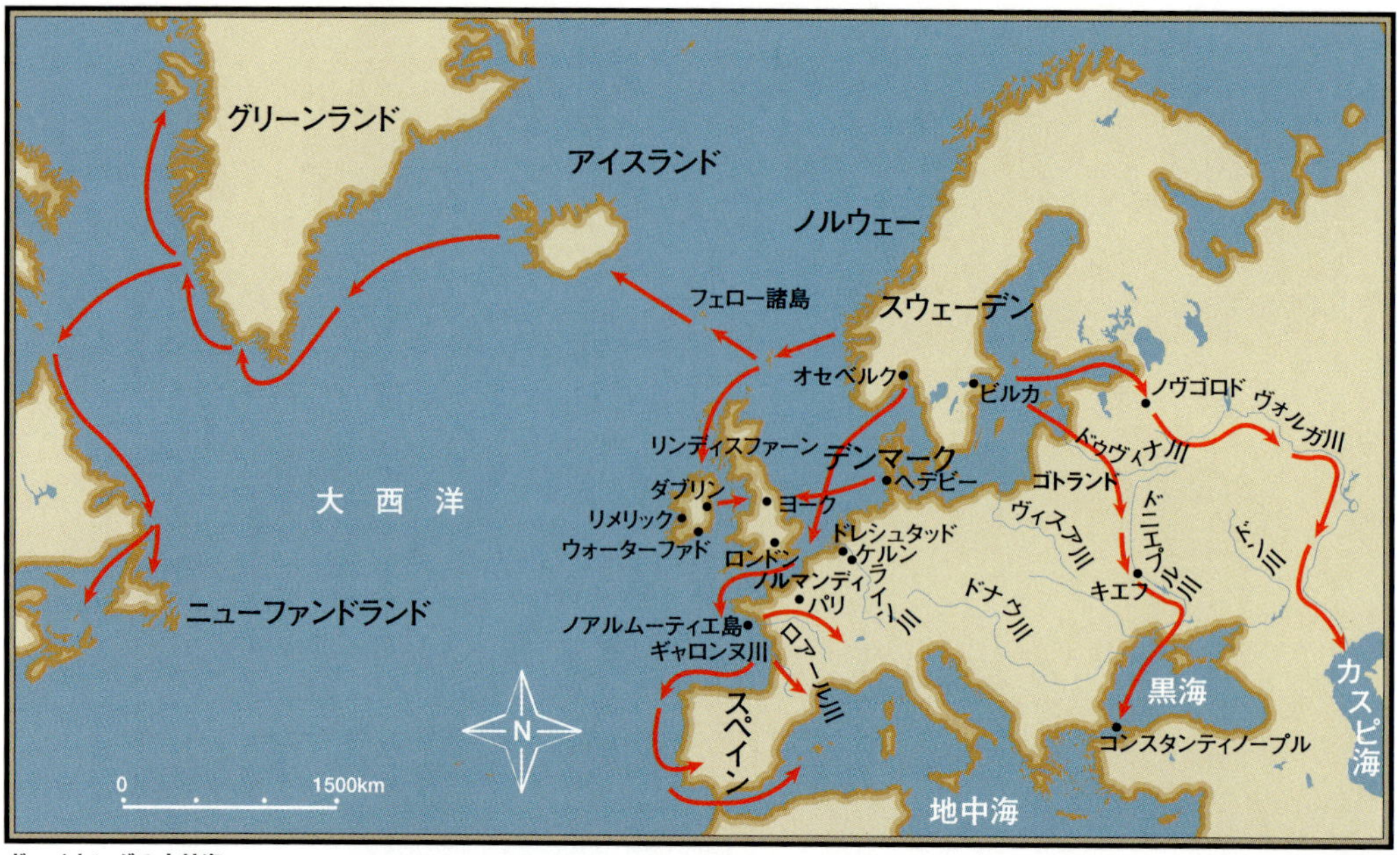

ヴァイキングの大航海
ヴァイキングは西欧諸国に侵入しただけでなく、ビザンツ帝国、カスピ海、地中海などに遠征し、さらにアイスランド、グリーンランドに植民したうえで、11世紀には北アメリカ北端にまで至った。地図上の矢印は彼らの航海ルートを表す。

兜と武器
戦闘では主に斧、剣、弓を用いた。多くの兵士は鼻にガードのついた兜と盾しか防具がなく、鎖帷子（くさりかたびら）などは高位の戦士に限られていた。（オスロ・ヴァイキング船博物館所蔵）

の偽らざる感情だったろう。一〇一四年のヴァイキングの侵攻のあと、ヨークの大司教ウルフスタンは次のように記している。「長い間、国の内外で不祥事が起こり、すべての地域で繰り返し破壊と迫害がおこなわれた。そしてイギリス人は長期間にわたり敗北を喫し、神の怒りによって絶望の淵に追いやられている。そして神の同意を得た強力この上もない海賊たちは、戦いで一〇人、またはときによってそれ以下、それ以上の者たちを敗走させるが、これはすべてわれわれの罪が原因である……これらすべての出来事には神が僕《しもべ》に目に見えるように、はっきりと示し給う怒り以外の何を見ることができようか」

当時の人々には、ヴァイキングの出現が、神の怒りによるものとしか説明できなかったのである。それほどヴァイキングの攻撃精神がすさまじい破壊力をともない、突然の大爆発を起こした理由は理解できなかった。またこれは、現代人の目から見ても容易に理解できない問題である。今日の研究者たちは、北欧民族が人口増により、突如として外に膨張したとか、耕地が限界に達して食料不足が起こったとか、いろいろ説明の道を模索するが、決定的な答えはない。どうしてこんなことが起こったのか。

ヴァイキングとは何者か

最近、ヴァイキング研究の専門家のなかから、これまでのヴァイキング観を一変させるような解釈が唱えられはじめている。

ヴァイキングは、当時の西ヨーロッパの人々にとっては、ほとんど知られることのなかったスカンディナビア半島およびユトランド半島の住民であり、八世紀のヨーロッパの中心であった、カール大帝のフランク王国の周縁部に住む未開の異教徒だった。彼らの侵入によって西欧世界はひじょうな損害を受けたが、西ヨーロッパの人たちはしだいに防衛態勢を築きあげてこれに抵抗し、やがて彼らをキリスト教化することによって、ヨーロッパ文化圏の中に吸収した。これが従来の見方である。

しかし、このヴァイキング海賊説は、シャルルマーニュ（カール大帝）の国土をあらゆるものの中心に置き、それ以外のものを周縁的なものと考える、一九世紀のナショナリストの歴史家（とくにドイツ人とフランス人）が考え出したものだと、

船尾の装飾
移住時代のヴァイキング船の船首につけた装飾。（オスロ・ヴァイキング船博物館所蔵）

ランス・オー・メドウズ
1960年代、ヴァイキングの叙事詩『グリーンランド・サガ』に謡われた新天地の存在を確かめるべく、ノルウェー人探検家と考古学者の夫婦がカナダ北部（太平洋側）のニューファンドランドを訪れ、土の下に眠る住居跡を発掘。遺跡からは鉄製の生活道具なども見つかった。（カナダ観光局提供）

最近のヴァイキング研究者は指摘する。

まず、八世紀におけるヴァイキングの襲撃の記述が、もっぱら被害を受けた側の記録のみによっていることに問題がある。ヴァイキングはただひたすらに、未開で野蛮な掠奪者として印象づけられているが、これは一方的である。

スカンディナビア半島に人間の居住がはじまったのは、いまから八〇〇〇年ほど前だった。新石器文化、すなわち農耕が始まったのは、紀元前四〇〇〇年ごろ、青銅器文化は前二〇〇〇年ごろ、鉄器文化は前五〇〇年ごろに発生しており、ブリテン島あたりと比べてもほとんど変わらない。つまりスカンディナビアは、ヨーロッパの他文化と同じ時期に、オリエントから伝播した文明の波動のうちにあった。

八世紀末のヴァイキングは、石器しか持たない狩猟採集民ではなく、金属を知る農耕民であった。したがって、それに見合った成層社会を形成し、王国や首長制社会の組織も持っていた。

そして、彼らがヨーロッパの他地域から孤立して生きていた、と考えるのもまちがっている。それどころか、彼らは交易を通じて外部世界と長い間にわたり交渉を持っていた。ローマ人の通商路は、ユトランド半島、バルト海諸島を経てスカンディナビア半島にまで延びており、ローマからもたらされる剣や金属の装飾品などが、毛皮、革、セイウチの牙、琥珀、そして奴隷と交換された。また西ローマ帝国滅亡後も、スカンディナビアの商人たちは、西ヨーロッパの市場のために毛皮を集めた。

このようにヴァイキングは商人でもあり、このことはその名にも反映されている。すなわち、ウィク（vik, wik）とは、湾ないしは入り江、およびそこにある交易所を意味する。つまり、そこにいる人間がヴァイキングなのである。

さらに重要なのは、ヴァイキング商人のロシア進出だった。とくにスウェーデン人は九世紀はじめにロシアに進出し、ドニエプル川を下ってビザンツ帝国のコンスタンティノープルに至り、ヴォルガ川をたどってカスピ海に入り、ついにはアッバース朝の宮廷と接触した。アッバース朝は、中央アジアのホラサーン地方の鉱山を押さえて大量の銀を入手し、ディルハム銀貨を鋳造した。この銀貨がスカンディナビアの各地から発見されることは、ヴァイキング商人の活動の広さを示している。しかも同じルートで、大量の銀貨がカール大帝の王国に達し、カロリンガ朝の教会の建築に用いられたのである。

八二〇年代から八三〇年代にペルシャに興ったサーマーン朝が、アッバース朝への銀の供給を遮ったため経済的混乱が起こり、これが西に波及して、ヴァイキングとカロリンガ朝の経済的危機を生み出した。このことが、ヴァイキングが西欧の掠奪を開始した時期と一致することは興味深い。

九世紀に入ってから、ヨーロッパ各地のヴァイキングは定住化の傾向を示した。はじめは小人数の戦士によっておこなわれた侵攻、掠奪も、八三〇年代になるとその規模を大にし、また占領地に定住するようになった。八四〇年から翌年にかけてはアイルランドではじめて越冬し、ダブリンを含む恒久的な居住地を建設した。フランスではノアルムーティエ島で八四三年に、イングランド南部ではサネット島で八五一年に越冬した。

九一一年、フランスのシャルル単純王がヴァイキングの首長ロロに封土としてノルマンディ公国を与えたことは有名だが、その孫ギヨームが一〇六六年にイングランドを襲い、いわゆるノルマンの征服をおこなったこともよく知られている。このころになると、ヴァイキングもフランス語を話す西欧人に変貌していた。

ヴァイキングの船作り
遠征に先立って、快速船を建造するヴァイキングたちのすがたが、北フランスの有名なバイユー・タペストリーに描かれている。

イングランド船
ウィリアムに忠誠を誓うために、ノルマンディーに向かうゴドウィンソンのイギリスの船隊。ヴァイキング船とほとんど変わりがないことが注目される。バイユー・タペストリーより。

偉大なる航海者

ヴァイキングはまた、偉大なる航海者であり、移住者でもあった。一五―一六世紀の大航海時代に先立ち、ヴァイキングが一一世紀に北アメリカの北端に渡って居住地を築いたことは、彼らの叙事詩である『グリーンランド・サガ』に謡われている。彼らはこの新天地をヴィンランドと呼んでいた。一九六〇年代になって、ニューファンドランド(現在カナダ領)のランス・オー・メドウズにおける発掘がおこなわれ、その事実が確認された。ヴァイキングの航海者たちは、スカンディナビア半島からアイスランドに移住し、さらにグリーンランドに至って、そこから北アメリカ大陸の北端に到着したのである。

ヴァイキングは、単なる海賊ではなかった。内にあっては農耕民であり、外に向かっては同時に偉大なる航海者、探検者であり、遠距離貿易にたずさわる商人でもあった。

九世紀から一〇世紀にかけて彼らが踏破した地域は、西は遠く北アメリカから東はカスピ海まで、北は北極海から南は地中海にまで及んだ。地中海世界ではコンスタンティノープル、ピサ、ペルシャ北部、イスラム、スペインなどが彼らの襲撃を受けた。他、北西ヨーロッパではノルマンディ、イングランド、アイルランド、スコットランドなどを征服し、さらにグリーンランド、アイスランド、ロシアにまで植民地を築いた。

また、ノルウェーのカウパング、スウェーデンのビルカ、デンマークのリベやヘデビーなどは商業と交易の中心であり、そこから発したヴァイキングの武装商人たちは、ロシアを横断してキエフ、コンスタンティノープル、はてはヴォルガ川河口のハザル・カンの宮廷まで旅して、貴重な財貨や商品を故国にもたらした。とくに銀の供給を通じて、ヨーロッパの経済に大きな影響を与えたことは特記すべきである。さらにもうひとつ付け加えれば、ヴァイキングはサガと呼ばれる叙事詩を数多く創作し、じぶんたちの事績を後世に残した。

このようにヴァイキングの活動範囲はきわめて広く、のちの西欧の大航海時代の人々にも劣らない幅の広さを示している。ところがこうした事実は、しばしば無視されるか、散発的に述べられるだけで、ヴァイキングはただ八―一一世紀にヨーロッパの北部および西部に侵入した海賊としてのみ記憶される場合が多い。なかには、それが西ヨーロッパの形成そのものとはほとんど関係がない些末事のように扱う歴史学者も少なくない。

　ヴァイキングの活動をヨーロッパ史の一エピソードにすぎないかのように扱う見方を改め、むしろ八世紀以後のヴァイキングの活動こそヨーロッパの成立に本質的に関わった事件として、見直すことが必要ではないだろうか。

北フランスに侵入するヴァイキング
フランスの11世紀の文書に描かれた、北フランスを攻撃するヴァイキング船。ヴァイキング特有の船の形態がうかがわれる。

バルト海の攻防戦

ハンザ同盟

　ベルギーの歴史家アンリ・ピレンヌは言っている。「ヴァイキングは事実上海賊であったが、海賊行為こそ商業への前段階である。それは、九世紀以来の彼らの侵寇が終了したとき、彼らがずぶの商人となったのを見てもわかる」。

　ヴァイキング時代の終わりは、いわゆるヨーロッパにおける商業の再興の時期にあたり、地中海世界とバルト海世界は、商業と交易の栄える二地帯となった。地中海世界が、東洋の絹、香料などの貴重品の貿易によって栄えたのに対し、北ヨーロッパの交易が、もっぱら日常生活の必需品に重点をおいていたのは対照的であった。

　一〇世紀以後のバルト海沿岸の地域でもっとも重要な商品は毛皮だった。それから時代が下ると、コムギ、ライムギ、バター、チーズ、そしてやや時代が下って魚などの食料が交易され、やがて造船の需要が高まるにつれて、木材やタールが重要な商品となった。中世末期には羊毛および毛織物の重要性が増し、ついにはヨーロッパ経済を世界経済に飛躍させる契機となったことはよく知られている。

　このように北ヨーロッパの経済が活況を呈すると、バルト海の沿岸に港市や交易所が続々と現れ、その間を多くの船が通うことになる。当然そこに起こってくるのは、海賊の問題である。バルト海も、スラブ人やゲルマン人の海賊の巣となった。

　海陸両方で盗賊や海賊の掠奪が激しくなったために、北ヨーロッパの商人たちは、自己防衛のために同盟を結ばざるをえなくなった。一二四一年、北ヨーロッパのハンブルク市とリューベック市の商人が集まって、同盟に関する協定が調印された。これが「ハンザ同盟」と呼ばれる強力な商業組織設立の発端であった。

　この同盟のひとつの目的は、海賊や掠

奪者に対する防衛にあったから、バルト海および北海沿岸の他の都市や都市同盟が参加しはじめ、一二九三年には、北ヨーロッパの二四の都市がこれに加わり、一四世紀から一五世紀の最盛期にかけては、数百の都市が同盟者となった。

ハンザ同盟の成立は、バルト海の諸都市と海賊との闘争の歴史に、新しい局面を開いた。当初、ハンザ同盟はかなりの成功をおさめた。しかしバルト海沿岸の諸政治勢力との関係次第で、同盟所属の船が海賊行為に走ることも珍しくなかった。

一三世紀から一四世紀にかけて猛威をふるったバルト海の海賊集団にヴィタリエンブリューダーの組織があった。彼らはスウェーデン南部のゴットランド島に本拠地を置き、海賊行為を繰り返して、沿岸の住民の恐怖の的となった。ヴィタリエンとは「食料」の意味で、元来はハンザ同盟の依頼により、デンマーク軍包囲下のストックホルムへ食料補給にあたったことから、この海賊団の名が生まれた。しかしその後はハンザ同盟に敵対して、同盟所属の船を襲撃するようになった。

ハンザ同盟は、海上での掠奪の被害の増大に驚いて、一三九四年、三五隻の船団に三〇〇〇人の騎士を組織してヴィタリエンブリューダーの海賊を攻撃したが、十分な成果をあげられなかった。しかし一四〇〇年に首領のシュテルドベーカーが捕らえられ、ハンブルクで一〇〇人の部下とともに処刑されたので、ヴィタリエンブリューダーの勢力はにわかに衰え、翌年には制圧された。斬首されたシュテルドベーカーと部下たちの首は、数週間エルベ河畔にさらされたという。

ゴットランド島
スウェーデン最大の島でハンザ同盟の貿易港として栄えた港町ヴィスヴィを擁す。ヴィタリエンブリューダーの本拠地が置かれていた。
（スカンジナビア観光局提供）

捕われた海賊シュテルドベーカー
バルト海の住民たちを震え上がらせた海賊シュテルドベーカーは、1400年春、捕らえられてハンブルクに連行された。裁判の結果、100人の部下とともに斬首刑に処せられた。

第3章

イスラムの脅威

バルバリアの海賊

バルバリア海賊との戦い
バルバリアの海賊は、地中海だけでなく、大西洋にも出没するようになり、イングランドやアイルランドの住民も脅かした。

船に乗り込む十字軍の戦士
十字軍の地中海侵入は、キリスト教徒とイスラム教徒の戦いだけでなく、東西の商業関係を活性化し、その背後で活躍したイタリアの港市の発展をもたらした。

イスラムとキリスト教の対立

ビザンツ帝国の壁

イスラムの軍勢は、六四二年にアレクサンドリアを陥落させ、エジプトの征服を終了した。その後はアフリカ北岸を西に向かって征服の行軍を続け、七一一年にはジブラルタル海峡を渡ってイベリア半島に入り、西ゴート王国を滅亡させてからさらに北上し、ピレネー山脈を越えた。

イスラムの征服によって、地中海の様相は一変した。大カリフのオマールが部下の将軍に「海とはどのようなものか」とたずねたところ、将軍は「大きな獣のようなものでございます」と答えた。カリフはすぐさま、「イスラム教徒は許可なくしてそのように危険なものの中に乗り出してはならぬ」と布告したという。この寓話は、内陸民族アラビア人の海に対する態度を示しているが、実際にはエジプト征服の直後から、イスラムは海に関心を持ち、海軍を地中海で編成し、六四九年にはキプロス島を占領している。

イスラム侵入以後の地中海で起こった

攻撃する十字軍船
精製油から作られた「ギリシアの火」と呼ばれる液体を用いて、ビザンツ船を攻撃する十字軍。14世紀画。

地中海地図

主な事件が、ふたつの宗教の対立のうえに生じた戦いであったことは重要である。これは、海上闘争に、それまでの歴史にはないような激しさを与えることになった。はじめ、イスラムの先鋒に立ちはだかったのは、ビザンツ帝国だった。帝国の強力な海軍力は容易に敵を寄せつけず、とくに八六七年から一〇五六年までのマケドニア朝時代の最盛期には、クレタ島とキプロス島を占領して、東地中海の制海権を確保した。

十字軍の侵入

その後東地中海に波瀾を巻きおこしたのは、十字軍の侵入だった。西ヨーロッパの大軍が、大量の食料や武器とともに船で運ばれてきたのである。ここで姿を現し、高度成長をとげるのが、ヴェネツィア、ジェノヴァ、ピサなどのイタリアの海事都市である。十字軍までは、漁村に毛の生えた程度の小さな港町だったそれらの都市が、海事に介入して輸送を担当し、また地中海東沿岸のレヴァントやエジプトの商人たちと取り引きを持つようになると、経済的な急成長を開始したのである。これらイタリアの港市の商船は武装しており、戦闘や掠奪も平気でおこなったというから、時と場合によっては海賊行為も辞さなかったのだろう。

　地中海は、急に活況を呈してきた。北アフリカのマグリブ地方、すなわち現在のチュニジア、アルジェリア、モロッコなどの住民の大多数はベルベル人だが、彼らは、一二三一年以後、ヴェネツィア、ジェノヴァ、ピサ、フィレンツェ、スペイン東北部のアラゴンなどの商人たちと何度も協約を結んで盛んに交易をおこない、ヨーロッパの商人たちは、チュニスに居住地を建設して地中海を往来した。

こうして十字軍は、軍事対決だけでなく、東西交易の活性化と商業の再興を促進したのであった。ということは、そこに富が蓄積されたわけで、当然それが海賊の掠奪の対象になったのである。

コンスタンティノープル陥落
1453年5月29日、メフメト2世率いるオスマン軍がコンスタンティノープルを征服し、1000年以上にわたって繁栄したビザンツ帝国は滅亡した。

オスマンの侵入

ロードス島占領

　一三世紀におけるオスマン・トルコの出現は、東地中海に新しい緊張をひき起こした。彼らは、はじめこそアナトリア西部の僻地の小王侯であったが、一三二六年にはブルサをビザンツ帝国から奪取して都とし、帝国の勢力をアナトリアから駆逐した。そして、メフメト二世が一四五三年にコンスタンティノープルを占領して征服を完了し、一五一七年にはマムルーク王朝を倒してエジプトを占拠した。さらにバルカン半島を席巻してウィーンに迫り、ハプスブルクの領域を脅かした。時のスペイン国王はハプスブルク家のカルロス一世（神聖ローマ帝国皇帝カール五世を兼ねる）であり、地中海とバルカン半島におけるオスマン帝国の攻勢を阻止しようとする勢力の中心に立った。

　オスマン帝国は、海軍力の充実に力を入れた。一六世紀はじめの東地中海は、キリスト教徒の海賊の巣であった。彼らはロードス島、キプロス島、クレタ島などを基地として海賊行為をおこなった。もっとも多数を占めるのがカタルーニャの海賊である。イスタンブール（征服前のコンスタンティノープル）―アレクサンドリア間の海上交通は、ロードス島の聖ヨハネ騎士団が死命を制していた。アナトリアを本拠地とし、食料の補給をエジプトに依存するオスマン帝国にとって、ロードス島の占領は緊急事となった。一五二二年、スレイマン一世は、多大の犠牲を払って同島を占領した。

赤髭のウルージ

　オスマンの水軍は、エーゲ海の沿岸および島々から徴発されたギリシャ人が、乗組員の大半を占めていた。そのようなギリシャ人のなかからバルバロッサと呼ばれるふたりの兄弟が現れ、地中海狭しとばかり暴れ回って、キリスト教徒たちを震えあがらせた。バルバロッサとはイタリア語で「赤《あか》髭《ひげ》」の意味であり、ほんとうの名前はウルージとハイルッディンだった。彼らは小アジアの西岸近くにあるレスボス島の生まれであり、もとはキリスト教徒だったとされる。レスボス島は昔から海賊で有名な土地であり、ふたりとも若くしてこの稼業に入ったと想像

バルバロッサ兄弟
小アジア西岸のレスボス島の出身だが、バルバリア海岸で暴れまわった。兄のウルージは1518年に戦死したが、弟のハイルッディンはオスマン帝国の大提督となった。

ロードス島を攻めるオスマン軍
コンスタンティノープルを征服し、さらなる領土拡大を求めるメフメト2世は、1480年、聖ヨハネ騎士団が守るロードス島を攻撃。騎士団はオスマン勢力を退けたが、1522年、スレイマン1世の攻撃の前に陥落した。

ウルージの船
ウルージはアルジェの太守となり、大艦隊を擁して西地中海に絶大な勢力を誇った。

カール5世
1500—1558年。神聖ローマ帝国皇帝とスペイン国王を兼ねる。ハプスブルク家フェリペ美公とカスティーリャ（スペイン）王女ファナの息子。両親から受け継いだ広大な領地をもとにヨーロッパを手中にする。

される。

最初に頭角を現したのは兄のウルージのほうだった。彼ははじめ小型船のレイス、すなわち船長になったが、エーゲ海はオスマン艦隊に押さえられていて思うように活動ができなかったため、もっとよい稼ぎ場所を物色したあげく、西地中海に目をつけた。そこは、イスラム教徒のハフス朝のスルタンが治める土地であったが、ウルージは彼に取り入って、海賊行為の掠奪物の一部を上納するという条件で、チュニスを根拠地として使用することを許された。

西地中海には、キリスト教国の船がひんぱんに往来していた。ある日、ウルージがエルバ島の沖で見張っていると、二隻の大きなガレー船が視界に現れた。時のローマ教皇ユリウス二世の持ち船だった。ガレー船の乗組員たちはウルージの小型帆船にほとんど注意を払わなかったので、彼らは虚をついて船尾によじ登り、またたく間に占拠してしまった。そして部下をキリスト教徒の服に着替えさせ、もう一隻の船の乗組員たちも油断させて接近し、たちまち乗っ取ったのである。この大胆な海賊行為は、キリスト教徒たちを驚愕させた。一五〇四年の事件である。

その後ウルージは船をふやし、さらに

アルジェの平面図
バルバロッサ兄弟が牛耳った港町アルジェ。

レスボス島
バルバロッサ兄弟の故郷。多くの芸術家を輩出し、かつては同性愛者の島としても知られた。写真はレスボス島の港町ミティリニ。（ギリシャ政府観光局提供）

手下を集めて勢力の増強に腐心し、マグリブ沿岸地方で掠奪を繰り返し、同地方に足がかりをつくろうとするスペインと衝突せざるをえなかった。スペインは、フェルナンド王の時代に、北アフリカのオラン、ブジーア、チュニスを占領していたが、チュニスのムスリムの太守がスペイン人に追放され、ウルージに助けを求めてきた。一五一二年八月、彼は一二隻の船に一〇〇〇人を乗せてブジーア付近に上陸し、スペイン兵がこもる城塞を攻撃した。しかしウルージは不運にも左腕の肘に銃弾を受け、撤退を余儀なくされた。

片腕を失ったとはいうものの、ウルージの意気は衰えなかった。一五一六年、フェルナンド王の逝去を機に、アルジェの太守サリム・アト・トゥミが反乱を起こしたときにも、一六隻のガリオット船（小型の快速ガレー船）と兵六〇〇〇を率いて救援におもむいた。救援とはいえ、ウルージのやり方はいかにも乱暴で、まずアルジェの西方七二キロメートルのシェルシェールに行き、そこを根城にしていたトルコの海賊カラ・ハサンの首をはねた。つまり味方を殺してしまったのである。「これも用心のためだ。悪く思うなよ」とウルージは言ったという。

それからアルジェに行き、太守サリム

チュニス
紀元前9世紀ころフェニキア人によってつくられた都市で、現在のチェニジアに属する。イスラム軍によるカルタゴ占領ののち大いに繁栄した。写真は「アントニンの浴場」と呼ばれるカルタゴの遺跡。
（セブンフォト提供）

イスラム船との戦い
西地中海のキリスト教徒たちの船は、絶えずアルジェやトルコの海賊船の危険にさらされていた。

とベルベル人の歓待を受けた。スペイン人たちは、アルジェの入り口のペニョン島の要塞に立てこもった。したがって持久戦となったが、ある日ウルージは、自宅で水浴を楽しんでいたサリムの髪をつかんで水から引き上げ、殺してしまった。アルジェの人々はウルージとトルコ人を追放しようと蜂起を計画したが、事前に察知され、むごたらしく鎮圧されてしまった。

　こうしてウルージはアルジェの太守となり、バルバリア地方最大の海賊王に成り上がった。フェルナンド王の後を継いだカルロス一世は、一五一七年に艦隊を派遣してアルジェ奪還を図ったが、トルコ人・アラブ人海賊の迎撃にあって壊滅してしまう。その後ウルージは、モロッコ国境に近いトレムセンまで勢力をのばして、事実上マグリブ地方の支配者となった。彼の活動はイタリア、バレアレス諸島、スペインのバレンシア地方などの安全を脅かすだけでなく、ジブラルタル海峡を通って地中海に入ってくるフランス、イギリス、ハンザ同盟の商船にも大きな脅威を与えた。

　一五一八年、アルジェでウルージの圧政に対する反乱が起こった。すかさずカルロス一世は一万の精鋭部隊をオランから派兵し、トレムセン付近にいたウルージ軍を追った。そしてサラド川でウルージを追いつめ、これを包囲殲滅《せんめつ》させた。海賊軍に生き残った者はなく、そのおびただしい死体のなかに、赤髭を血に染めたウルージ・バルバロッサの無残な姿があった。

海賊王 ハイルッディン・バルバロッサ

キリスト教世界の災厄

　兄ウルージの後を襲ったハイルッディンは、兄よりはるかに政治的器量を備えた人物だった。一五一九年、ウルージはイスタンブールに使者を送って、オスマン皇帝セリム一世（在位一五一二―二〇）に恭順の意を表し、アルジェをつつしんで献上するから、帝国の一州として保護を受けたいと願い出た。オスマン帝国の勢力を西地中海にまで及ぼそうとしていたセリム一世にとって、これは願ってもない申し出だった。

　さっそくハイルッディンをアルジェのベグレルベク、すなわち大提督に任じ、

バルバリア海賊と戦うスペイン船
バルバリアの海賊は、バレンシア、ムルシア、マジョルカなど、スペインの地中海海岸の各地をしばしば襲って、財宝を掠奪し、住民を捕らえて奴隷化した。スペイン側は、船舶の不足のために十分に対応することができなかった。

ハイルッディン・バルバロッサ
1546年に没するまで、オスマン海軍の総帥として、地中海に覇を唱えた。とくにキリスト教徒海軍と対決したプレヴェザの海戦の勝利は大きかった。

また二〇〇〇人のイェニチェリと呼ばれる精鋭部隊を派遣した。これはスペインにとって無視できない脅威となった。カルロス皇帝は、五〇隻の艦隊を送ってアルジェ海岸に上陸作戦を企図したが、暴風に阻まれて、まったくの失敗に終わった。

その後ハイルッディンはスレイマン一世（在位一五二〇—六六）にも仕え、「キリスト教世界の災厄」となった。中部バルバリアの諸港市は、ひとつひとつ彼の手に落ち、彼は好き勝手に船団を送って、バレアレス諸島やスペイン東岸を襲い、金や財貨を奪うだけでなく、多数の男女を誘拐した。彼らはトルコ人の市場で奴隷として売られ、男はオスマンの海賊によってガレー船の暗い船倉につながれ、漕手《そうしゅ》として一生働かされた。

ハイルッディンはトルコ海軍の総帥となり、もはや単なる掠奪者の頭目ではなく、地中海全体を見渡してトルコ海軍のために作戦を立てる責任を負わされた。

ちょうどそのころ、ジェノバの艦隊にもアンドレア・ドリアという大提督がおり、最高の地位にいた。表向きは大提督だったが、実はハイルッディンと同じく海賊の頭《かしら》であり、自分のガレー船団を使って巨万の富を積み上げていた。ヴェネツィアは、神聖ローマ帝国皇帝カール五世、すなわちスペイン国王カルロス一世の同盟者であり、また教皇とも近い間柄にあった。早晩この三者は連合して、異教徒オスマンの海軍と対決すべき運命にあった。ハイルッディンとドリアは二〇年間も同じ海をうろつき回り、同じような掠奪行為をおこなっていたが、遭遇の機会はなかった。しかし一五三七年、クレタ島のカンディアでオスマン船隊とヴェネツィア船隊との衝突が起こり、これが原因となって、キリスト教徒とイスラム教徒の海上対決が始まって、両者は対決することになった。

マルタ島での決戦
マルタ島は、その戦略的位置から、オスマン海軍の垂涎の地であり、そこに立てこもるマルタ島騎士団との間に死闘をくりかえした。

アンドレア・ドリア
1466―1560年。ジェノバの提督。スペインのカルロス1世や教皇と結んでオスマンの海上勢力に対抗した。

レパントの海戦

一五三八年夏、ハイルッディンは一二二隻の艦隊を率いてギリシャ西岸のプレヴェザ付近にいた。これに対してキリス

ヴェネツィア海軍
地中海の強豪ビザンツ帝国やオスマン帝国の間にあって、11世紀以後のヴェネツィアは海上勢力として無視できない存在となった。

ヴェネツィアを出発するマルコ・ポーロ
1271年、ヴェネツィアを出発するマルコ・ポーロ。ポーロの東洋旅行記の14世紀版の挿図。

バルバリアの海賊
バルバリアの海賊は、オスマン帝国の衰退とともに、その統制を離れて独自な海賊活動を開始し、西欧諸国や大西洋諸島に大きな被害を与えた。

ト教徒の連合艦隊は、ヴェネツィア八〇隻・教皇三六隻・スペイン三〇隻・その他ガレオン船五〇隻の総計約二〇〇隻の戦艦に兵員六万を乗せ、大砲二五〇〇門を備えていた。ハイルッディンは相手の優勢を知って、プレヴェザのアルタ湾に入って待機した。九月二五日にキリスト教徒の連合艦隊が湾の沖に姿を現した。ドリアは戦力において勝っていたが、ハイルッディンは広い湾内で敵を待ち構えるという有利な立場にあった。結局、このときは正面からぶつかり合うことがなく、キリスト教徒側は退去し、それを追撃したトルコ側も、敵のガレー船と帆船を数隻ずつ捕らえたにすぎなかった。しかしスレイマン皇帝は、プレヴェザの海戦をトルコ側の勝利として祝った。

キリスト教徒側がこれに雪辱するのは、

プレヴェザの戦い
1538年9月28日、ギリシャのプレヴェザ沖で起きた海戦。ハイルッディン率いるオスマン艦隊とドリア率いるキリスト教徒連合艦隊の大激突かと思われたが、正面からぶつかりあうことのないまま、キリスト教徒側が退却した。

アルジェ
地中海に面した、現在のアルジェリアの首都。16世紀にスペインが占領したが、その後、オスマン帝国の支配下で繁栄した。（セブンフォト提供）

レパントの海戦
1571年10月におこなわれた教皇・スペイン・ジェノヴァの連合艦隊と、オスマン艦隊の歴史的な対決だった。

トルコ艦隊の脅威
オスマン帝国の水軍は、スレイマン1世（在位1520－1566年）の時代に地中海最強の力を誇り、キリスト教徒たちの脅威となった。

一五七一年一〇月一一日におこなわれたレパントの海戦のときであり、これはキリスト教徒側の大勝利で、トルコ側はガレー船二〇八隻、ガリオット船六六隻のうち、一〇隻を除いてすべてを失い、八万八〇〇〇人の兵員のうち、三万人が死亡し、八〇〇〇人が捕虜となった。トルコ艦隊でガレー船の漕手とされていたキリスト教徒一万二〇〇〇人は解放された。

レパントの海戦は、地中海において雌雄を決する重要な戦いであり、これ以後、オスマン艦隊は決してもとの勢いに復することはなかった。しかしバルバロッサの後継者は続々と現れて、キリスト教徒を悩ましつづけたし、バルバリアの海賊活動も一九世紀はじめまで止《や》まなかった。

column

セルバンテスとアルジェの海賊

有名な『ドン・キホーテ』の著者ミゲル・デ・セルバンテスは一五四七年の生まれだが、一五六九年から七五年までのイタリア滞在は、彼の知的形成に決定的な意味を持ったと評価される。そして一五七五年から八〇年までの捕虜の身分でのアルジェ滞在は、人間としての彼の人格形成に絶大な役割を果たしたと言える。このふたつのどちらを欠いても、『ドン・キホーテ』の作者は誕生しなかったであろう。

どうしてセルバンテスは、バルバリアの海賊の捕虜となったのだろう。それは、当時地中海のいたるところで起こっていたひとつの事件によるものだった。一五七五年九月はじめ、セルバンテスは小船団でナポリからバルセロナに向かっていた。そしてカダケス、すなわちカタルーニャ海岸のすぐ近くまで来たとき、アルバニアの背教者アルナウテ・マミーが指揮する三隻のガレー船に遭遇して、数時間にわたる戦闘ののち降伏した。こうして二八歳の文学青年は、海賊稼業で活況を呈する人口一五万のイスラム都市アルジェに連行された。

そこは、毎年キリスト教徒の船を一〇〇隻単位で掠奪し、スペインやイタリアの沿岸から何千人もの捕虜を連れ帰って、奴隷と掠奪品の売買で栄える異教徒の町であった。セルバンテスは、捕虜のひとりとして奴隷市場に連行され、アルナウテ・マミーの補佐役ダリ・マミーの所有物となった。セルバンテスは、持っていた推薦状から重要人物と見なされ、身代金として金貨で五〇〇エスクードを払えばスペインに送り帰す、と宣言された。

しかしセルバンテスは、そのような大金を調達できる豊かな家の生まれではなかった。そこで何回も脱走を企てながら、「倉庫」と呼ばれる捕虜収容所で長期間生活した。彼のそのときの体験は、『ドン・キホーテ』第一部三九—四一章および戯曲『アルジェの生活』に間接的に述べられているし、捕虜仲間のディエゴ・デ・アエード修道士が一六一二年に出版した『アルジェの地理と歴史』も、しばしば彼の勇敢さについて言及している。

『ドン・キホーテ』第一部の中で、「俘虜」はこ

ミゲル・デ・セルバンテス
1547—1616年。長編小説『ドン・キホーテ』で知られるこの文人も、アルジェのイスラム教徒の奴隷として5年間を過ごした。

う言っている。
「あの〝倉庫〟で毎日を過ごしていたとき、飢えや着るものの不足に悩まされるのは、ときどきというよりはほとんど毎日のことだったが、それよりも一番苦しかったのは、じぶんの主人のキリスト教徒に対する残忍な行為をたえず見せつけられることだった。毎日かならずだれかを絞首刑にしたり、串刺しにしたり、耳を削ぎ落としたりしていた。しかも、それがほんの些細な理由で、いや理由もなしにおこなわれたのである。土地のトルコ人たちでさえ、『彼は人類の殺し屋として生まれついており、自分の嗜《し》虐《ぎゃく》性のためにあんなことをしているのだ』と言った」

このような環境に五年間も住み、虐待と拷問に耐えぬいたセルバンテスが、どんな逆境にもめげない、強靭な意志を持つ人間として故国に帰ったであろうことは、容易に想像できる。

彼の脱出は、きわどい幸運によって可能になった。一五八〇年九月一九日、アルジェのパシャがトルコ行きの準備をして、奴隷たちがガレー船の座席に鎖でつながれつつあったそのときに、身代金がスペインから届いて、彼は自由になったのである。それがもし一日遅れれば、彼はイスタンブールに連れてゆかれて、永遠に帰国できなかっただろうし、世界文学の傑作は生まれなかっただろう。

キリスト教徒の処刑
イスラム教徒の奴隷となって、逃亡や反乱を企てたキリスト教徒は、鞭打ちの刑や死刑に処せられた。

捕虜になったキリスト教徒
イスラム教徒に捕らえられたキリスト教徒は、奴隷として扱われ、いつも足に鉄の重い鎖を引き摺っていた。

column

ガレー船の時代

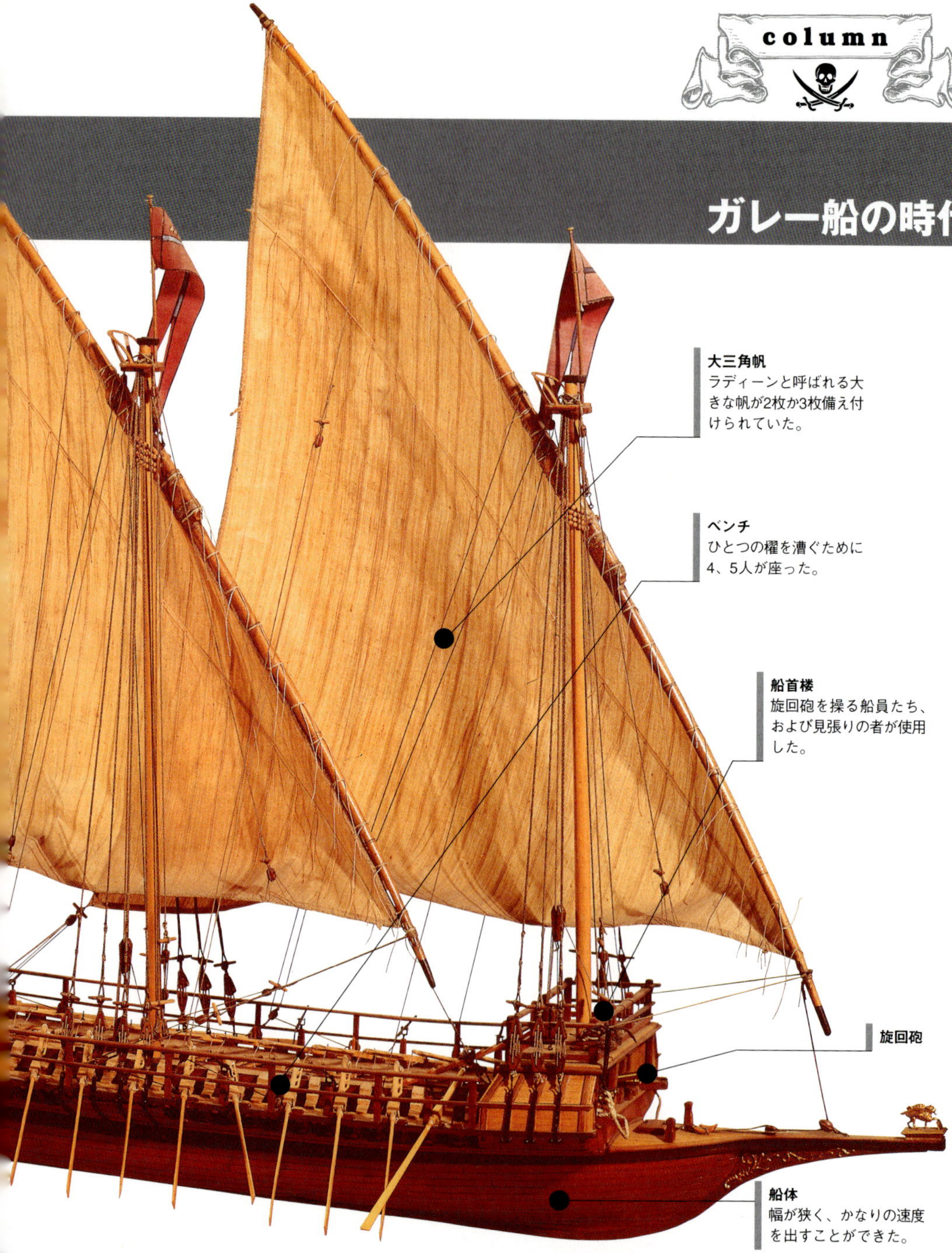
大三角帆
ラディーンと呼ばれる大きな帆が2枚か3枚備え付けられていた。
ベンチ
ひとつの櫂を漕ぐために4、5人が座った。
船首楼
旋回砲を操る船員たち、および見張りの者が使用した。
旋回砲
船体
幅が狭く、かなりの速度を出すことができた。

中世の地中海では、主戦力となったのはガレー船だった。これはキリスト教徒の側でもイスラム教徒の側でも同じだった。帆走だけに頼る大型船が主流となるのは、一五世紀以後である。ガレー船の場合は、細長く幅の狭い船体であり、一枚か二枚の帆は備えているが、船の運航は主に漕《こ》ぎ手の櫂《かい》に頼っていた。

ガリオットと呼ばれる小型のガレー船の場合、漕ぎ手が船員や戦闘員を兼ねることもあったが、大型船では奴隷が漕ぎ手となった。オスマン艦隊やバルバリアの海賊は、キリスト教徒の奴隷を使用した。逆にキリスト教徒の船では、イスラム教徒の奴隷が使われた。トルコやアルジェのイスラム教徒の海賊は、こうした奴隷を手に入れるために、しきりにスペインやイタリアの沿岸を襲い、多数の人人を捕虜としたのである。

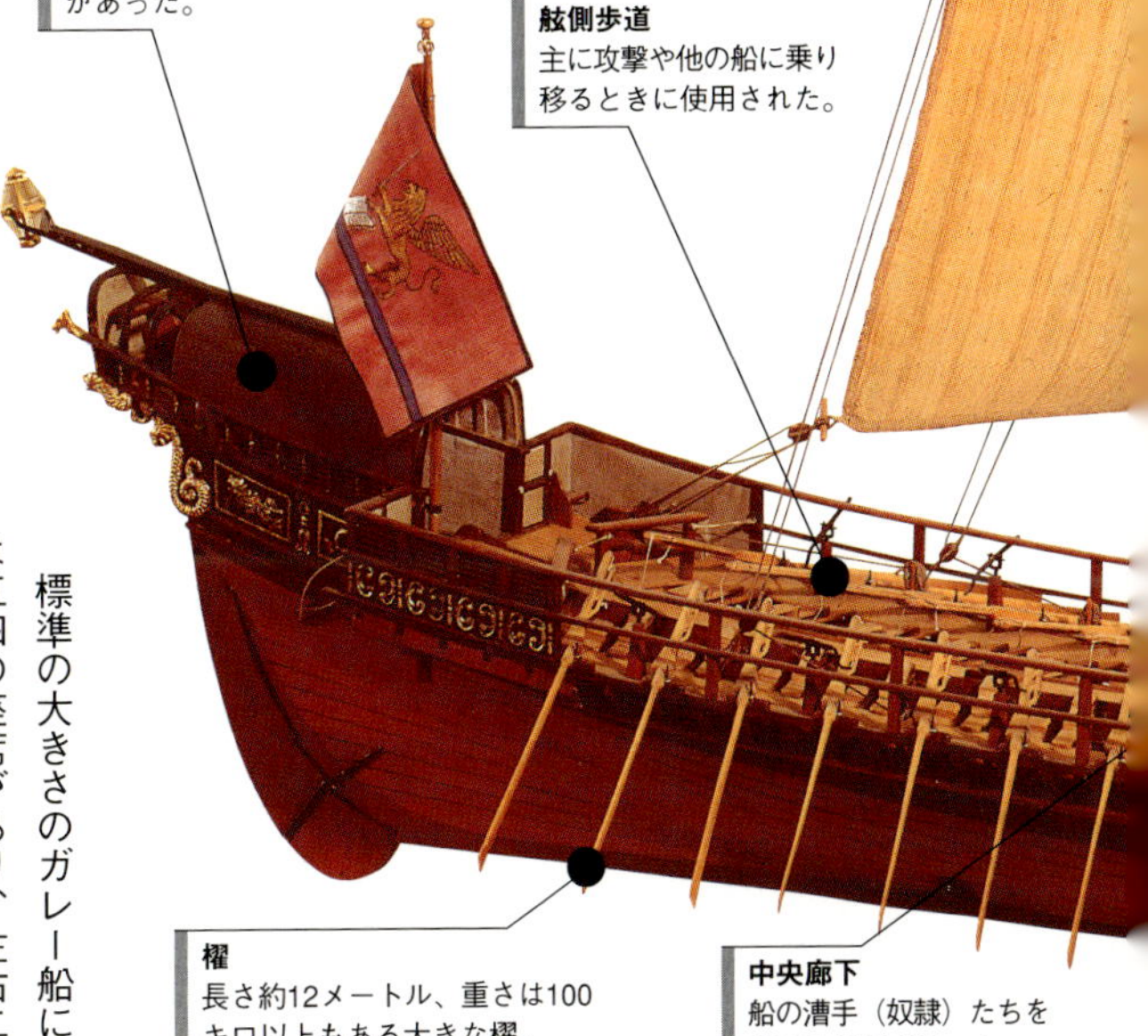
船尾楼
主に砲手たちが使用。内部には船長などの司令室があった。
主に攻撃や他の船に乗り移るときに使用された。
長さ約12メートル、重さは100キロ以上もある大きな櫂。
船の漕手（奴隷）たちを見張る監督が歩いた。

（ミュンヘン・ドイツ博物館所蔵／写真提供・WPS）

標準の大きさのガレー船には五四の座席があり、左右二七ずつに分かれていた。ひとつの座席には、鎖につながれた四人ないし五人の漕ぎ手が座り、彼らは一生、櫂を漕ぐことだけが仕事の、文字どおりの奴隷だった。夜寝るときも、そのまま座席で互いに体をくっつけ合って眠らなければならなかった。与えられる食物はわずかの量のビスケットや豆だけであり、それだけの食料で、ときには一分の休みもなく何時間も漕がされた。そういう場合には、水夫長が鞭《むち》を浴びせかけ、

column

疲労のあまり気絶してしまった漕ぎ手には、ブドウ酒に浸したパンを口に押し込んだ。

「こうしたことはしばしば起こるのだが、これら徒刑囚たちのだれかが櫂の上で果てると、息の根のあるかぎり打ちすえ、呼吸がなくなると、まるで動物の死骸のように、いささかの憐愍《れんびん》の念もなく、海に投げ捨てるのである」と一八世紀はじめの徒囚が書き残している（ジャン・マルテーユ『ガレー船徒刑囚人の回想』木崎喜代治訳・岩波文庫・一九九六年）。この著者は、フランスのガレー船に奴隷としてつながれた経験があるのだが、徒刑囚の悲惨さの点では、西欧のガレー船も、イスラムのガレー船とちがいはほとんどなかった、と言っている。著者自身は、フランスで迫害された新教徒だった。

おもしろいことに、バルバリアの海賊やその頭目たちのなかには、かなり多くのキリスト教の背教者たちがいた。バルバロッサ兄弟自身がキリスト教徒のギリシャ人だったというし、彼のあとにアルジェの総督になった者のなかには、サルディニア人、コルシカ人、ヴェネツィア人、ハンガリー人、アルバニア人などがいた。また、一五八八年にアルジェにあったガレー船とガリオット船三五隻の船長のうち、一一人だけがトルコ人で、あとはフランス、ヴェネツィア、シチリア、ナポリ、スペイン、ギリシャ、カラブリア、コルシカ、アルバニア、ハンガリーなどの出身だったという。

マルタ騎士団のガレー船
後ろから見たガレー船。

ガレー船の内部
ひとつの櫂に4、5人の漕ぎ手がつき、一日中休みなく働かされた。櫂の長さは約12メートル、重さは100キロを超えるものだったという。中央の人物は漕ぎ手の見張り。

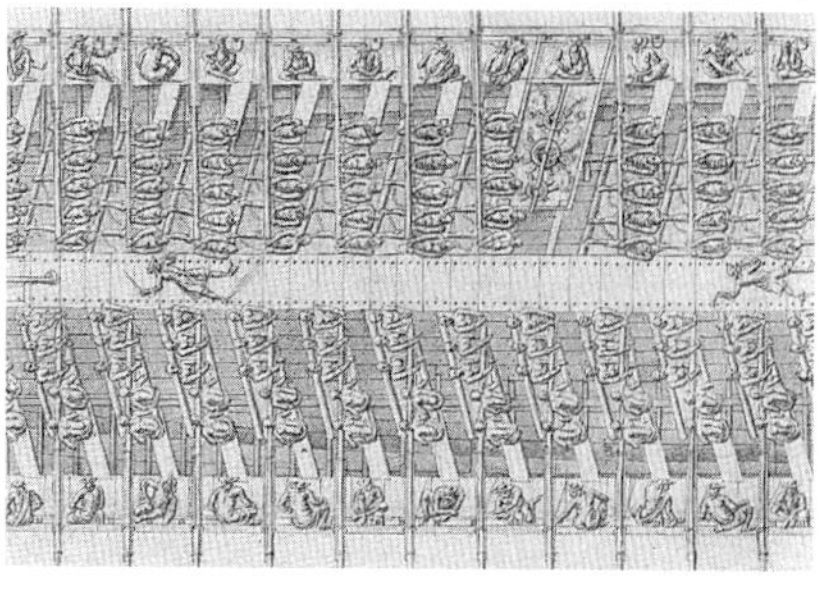

第4章

大西洋の死闘

私掠船の時代

サンティアゴ攻撃
1595年、フランシス・ドレイクの最後の西インド遠征途中で襲った、ヴェルデ岬諸島のサンティアゴ島。

大西洋国家と私掠船

国公認の海賊

一五世紀末にスペインとポルトガルが発見したインディアス、すなわち新世界が、貴金属の宝庫であることがわかって以来、大西洋で輸送される金銀をめぐって激しい戦いが起こった。これは当時形成されつつあり、果てしのない闘争を繰り返していたヨーロッパの近代国家の戦争ないしは紛争と密接に関連していた。

まず、基本的には、アメリカ大陸における金銀の生産は、スペインが独占していたという事実があった。ヨーロッパには金は出なかった。中世末期に南ドイツやボヘミアで銀山が開発されたこともあったが、それも一五世紀までには枯渇してしまった。金は西アフリカで出る砂金のごく一部を手にいれていたが、話にならない量であった。

そこに突然新世界の金銀があらわれた。しかもそれをスペインが独占することになったのである。これは西ヨーロッパの大西洋国家にとっては垂涎《すいぜん》の的だった。そこで、スペインと友好関係にない国が、大西洋上でスペインの金銀輸送船を襲うことになったのである。

これはふつう、政府の正式の海軍ではなく、国王や貴族の免許状を持ち、彼らの出資を受けた私掠船《プライヴァティア》なるものだが、各自の判断に基づいて掠奪をおこなった。だから、海賊船とははっきり区別された。そうはいっても、相手国から見れば、これは法を無視した立派な海賊だったが。

スペインを狙うフランス

スペインの新世界からの富を最初に狙ったのはフランスである。なぜなら、フランスは一五世紀末から、スペインと敵対関係にあったからである。とくに、ヴァロア王朝のフランソワ一世は、ハプスブルク王朝のカルロス一世を憎んでおり、両国間は一五五九年にカトー・カンブレ

コルテスのアステカ征服
1519年、メキシコのベラクルスに上陸し、中央高原のアステカ王国に向かうコルテス軍（上）。下は“神殿の虐殺”と呼ばれるコルテス軍の残虐行為。ドゥランの絵文書から。

ジ条約が結ばれるまで、軍事的応酬を繰り返した。フランソワは、フランス北部のディエップ港の実力者ジャン・アンゴに命じて、大西洋における私掠船活動を促進させたが、その第一番の成果は、メキシコの征服者フェルナンド・コルテスが国王カルロス一世に送ったアステカの宝だった。

アステカ王モクテスマは、メキシコ湾岸に出現した白い人間たちの歓心を買うため、黄金はじめ幾多の財宝をコルテスに贈った。それを国王に送るために派遣

ガレオン船への攻撃
ハワード・パイル画。パイル（1853−1911）はアメリカの作家兼挿絵画家。児童文学を中心に多数の著作を遺し、海賊に関するものも多い。この絵は、自著『宝の町の宿命』の挿絵。

された船が、一五二二年、アソーレス諸島とスペイン本土との間でアンゴ配下のジャン・フレリの六隻の船隊に襲われ、アステカの貴重な宝はすべて奪われてしまったのである。

フランスの私掠船は、大西洋だけでなくアメリカ大陸本土にまでわたり、各地の港を襲い、掠奪した。一五五五年、ラ・ロシェルのジャック・ド・ソールがフランソワ・ル・クレールとともにおこなったカリブ海キューバのハバナ港の破壊と掠奪は、その典型的なものであった。

私掠船許可書
海賊とちがって私掠船は、国王または有力者からの許可書を持ち、また彼らの出資を得ていた。

サン・ファン・デ・ウルーアを忘れるな

ハバナ港
ハバナ港は、銀輸送船がスペインに帰航する前に集合する重要な場所であり、ヨーロッパ各国の海賊の目標となった。

イギリスとスペイン

フランスの次にスペインの宝を狙ったのは、イギリスだった。スペインにとってイギリスははじめ友好国だった。両国は一四八九年にメディーナ・デル・カンポ条約を結んで、フランスにおける互いの領土権の主張を認め合い、フランスと戦う場合には、互いに相手を援助することを約束した。また、両国の王室間の婚姻が取り決められ、両国民が相手の領土内に住み、自由に商業・貿易をいとなむ

リューベックのイエス号
ジョン・ホーキンズの持ち船であり、サン・ファン・デ・ウルーアの危機の際、放棄された。

権利を持つことも同時に定められた。この条約に基づいて、スペインの王女、すなわちフェルナンドとイサベルの長女カタリーナ（キャサリン）は、一五〇八年にヘンリ七世の次男と結婚したわけである。

ところが、この次男坊が長じてヘンリ八世となり、敬虔なカトリック信者の妃の堅苦しさに飽きて、アン・ブリンという女に懸想し、離婚を強く望んでローマ教皇に反旗をひるがえしたころから、雲行きが危うくなってきた。一五三三年、教皇はヘンリを破門し、いっぽうヘンリは首長令を発して国教会の首長となった。これがスペイン側の反発をひき起こし、スペイン国内に在住するイギリス人に対して、異端審問所が圧迫を加えはじめた。

こうした険悪な空気のなかで、イギリス海峡でイギリスの私掠船活動が始まった。はじめのうち、攻撃の対象はフランス船だったが、やがてスペイン船も狙われるようになり、ついに一五四五年三月、ロバート・レネがポルトガル沖で、カリブ海から帰航中のスペイン船を攻撃し、三万ドゥカードの宝を奪うという事件が起こった。

このようにイギリスとスペインの関係は刻々と険悪になっていたが、まだ決定的な決裂にまでは至らなかった。両国の関係が急に悪化したのは一五六〇年代であり、代は変わってエリザベス一世の治世になっていた。

イギリス人の受難

　一五六二年、三〇歳の青年船長ジョン・ホーキンズが、三隻の船隊を率いてプリマス港を出帆した。彼はヘンリ八世時代に、アフリカやブラジルに貿易のための航海をおこなったウィリアム・ホーキンズの次男であり、父親からアフリカと南アメリカに関する知識を与えられていた。また彼は、スペイン人の友人から、カリブ海やブラジル沿岸ではフランスの海賊が掠奪をほしいままにしていることや、またそれらの地方では砂糖の生産が盛んで、そのために必要な奴隷が農園主たちに渇望されていることを知った。そこでホーキンズは、西アフリカで黒人奴隷を安く購入し、カリブ海沿岸のスペイン人植民者たちに高値で売りつける、という新しい商売を思いついた。

　ホーキンズは西アフリカで三〇〇人の奴隷を手に入れ、大西洋を横断してカリブ海のエスパニョラ島に運び、現地のスペイン人に高値で売りつけることに成功した。ホーキンズは、一五六四年にも同様の航海をした。

　一五六七年、第三回目の航海が計画され、エリザベス女王も出資者のひとりとなった。商売はうまくいったが、帰途フロリダ海峡で嵐にあい、船に損傷が生じたので、補修のためホーキンズはやむなくメキシコに向かい、一五六八年九月、ベラクルス港沖のサン・ファン・デ・ウ

三人の「海の犬」
シー・ドッグと呼ばれたエリザベス時代の私掠船船長のうちで代表的な三人。左からジョン・ホーキンズ、フランシス・ドレイク、トマス・キャヴェンディッシュ。

エリザベス1世
イングランド女王。1533―1603年。ヘンリ8世とその2番目の王妃アン・ブリンの間に生まれる。在位1558―1603年。

ルーア島に到着した。ホーキンズはスペイン側との交渉に入り、食料の供給と船の補修のため便宜を与えるよう要求した。

　はじめスペイン側はおとなしくこの要求に応じるような態度をとった。しかしその二日後、一三隻からなるスペインからの定期船団が到着したとき、スペイン側は密議をこらし、友好を装ってイギリス人を安心させたうえで、いきなり奇襲をかけてきた。不意をつかれたイギリス側は、一隻を失いながらも、残る二隻で辛くも脱出した。一隻は二〇代の若者フランシス・ドレイクが指揮するジュディス号で、一路イギリスに向かった。もう一隻のミニヨン号は、ホーキンズの指揮のもとに北に向かったが、二〇〇人あまりが乗っており、食料も尽きて、とても全員の帰航は覚束《おぼつか》なかった。そこで、メキシコ北東部の海岸で一〇〇名が自発的に下船し、ホーキンズはやっとの思いで翌年一月、プリマスに帰港した。生還したのはわずか一五人にすぎなかった。

　メキシコに上陸した一〇〇名の運命は悲惨だった。ある者は原住民に殺され、ある者はスペイン人の捕虜となって異端審問所に送られ、火刑に処せられたり、ガレー船の漕手の賦役を課せられたりした。

　イギリス人受難の報はいち早く本国に伝わって、人々を憤激させた。それ以後、イギリスの私掠船の活動はにわかに激しくなり、「サン・ファン・デ・ウルーアを忘れるな」がイギリス人の合い言葉になった。

サン・ファン・デ・ウルーア島の戦い
ウルーア島はメキシコのベラクルス港入り口にあり、ここでホーキンズの船隊はスペイン側のだまし討ちにあって四散した。

サン・ファン・デ・ウルーア要塞
ベラクルス湾に位置する、16世紀に建造されたスペインの要塞。現在は博物館となっている。(セブンフォト提供)

ドレイクの報復
1585年、ヴェルデ岬諸島でサン・ファン・デ・ウルーアの報復をするドレイク。

ドレイクの大掠奪

女王からの指令

しかしエリザベス一世は慎重だった。彼女は、大国スペインに正面から戦いをいどむ気はなかった。そして、サン・ファン・デ・ウルーアの報復を直訴するホーキンズをしりぞけたばかりか、彼女はかえってスペインとの友好を求め、一五七四年八月には、イギリスとスペイン領ネーデルランド間の貿易再開の協定を結んでいる。スペインは、当時ネーデルランドの新教徒の反乱に苦慮していた。だから彼らも、ネーデルランドへの海路を扼《やく》するイギリスとの衝突は、回避したかったのである。

　といっても、女王は何も手を打たないわけではなかった。一五七一年、スペインの銀輸送の実情を探るため、フランシス・ドレイクが、二五トンの小帆船スウォン号を指揮してパナマ地峡に向かったのも、女王からの何らかの指令があったからだと思われる。これは明らかに計画された敵情視察だったが、ドレイクは現地の事情がある程度わかると、劣勢にもかかわらず、すぐさま行動をおこして掠奪をおこなっている事実は注目される。ここから、一六世紀の名高い私掠船船長ドレイク時代が始まるのである。

ノンブレ・デ・ディオス攻撃

この航海で、ドレイクは、いったん太平洋側のパナマで陸揚げされたペルーの銀が、ラバ隊で大西洋側のノンブレ・デ・ディオス港に運ばれることを知った。パナマ地方には昔からフランスの私掠船が出没し、その船員たちは現地事情に詳しかった。ドレイクは、そのひとりであるニコラ・デ・イルというフランス人に会い、パナマ地方のチャグレス川流域の情報を得た。パナマ地峡には、シマロンと呼ばれる、スペイン人から逃れた黒人奴隷の集団が独立した村を作り、スペイン人に脅威を与えており、彼らの協力を得られる可能性があることを知らされたのである。

　この情報に基づき、一五七二年五月、ホーキンズから借りたパスコ号(七〇トン)とスウォン号に総勢七三人を乗せ、カリブ海に向かった。そして途中で遭遇したジェイムズ・ランスの私掠船を仲間に入

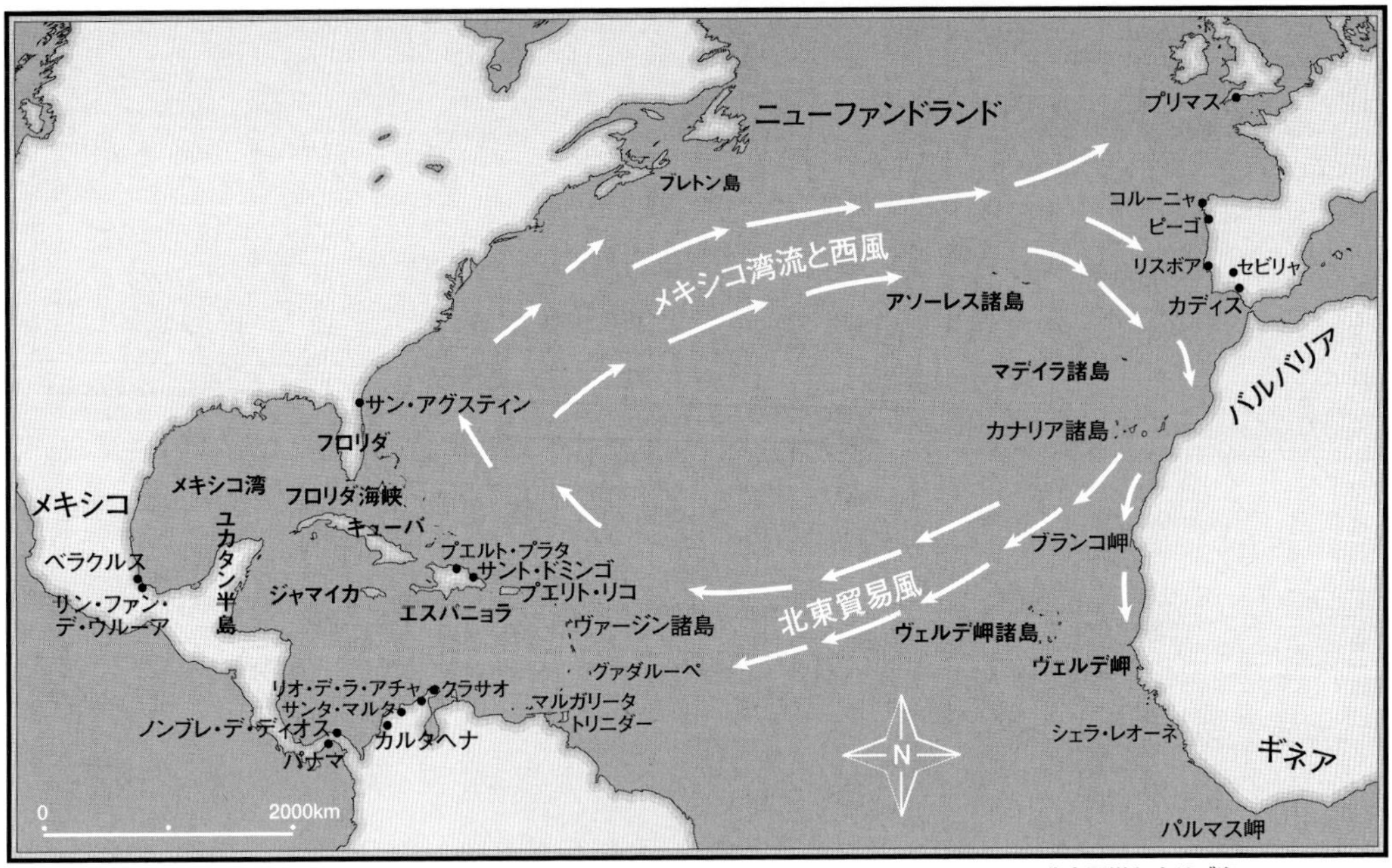

北大西洋とカリブ海
ヨーロッパの私掠船たちは西風と北東風を利用してカリブ海へと赴き、スペイン船の財宝を奪った。

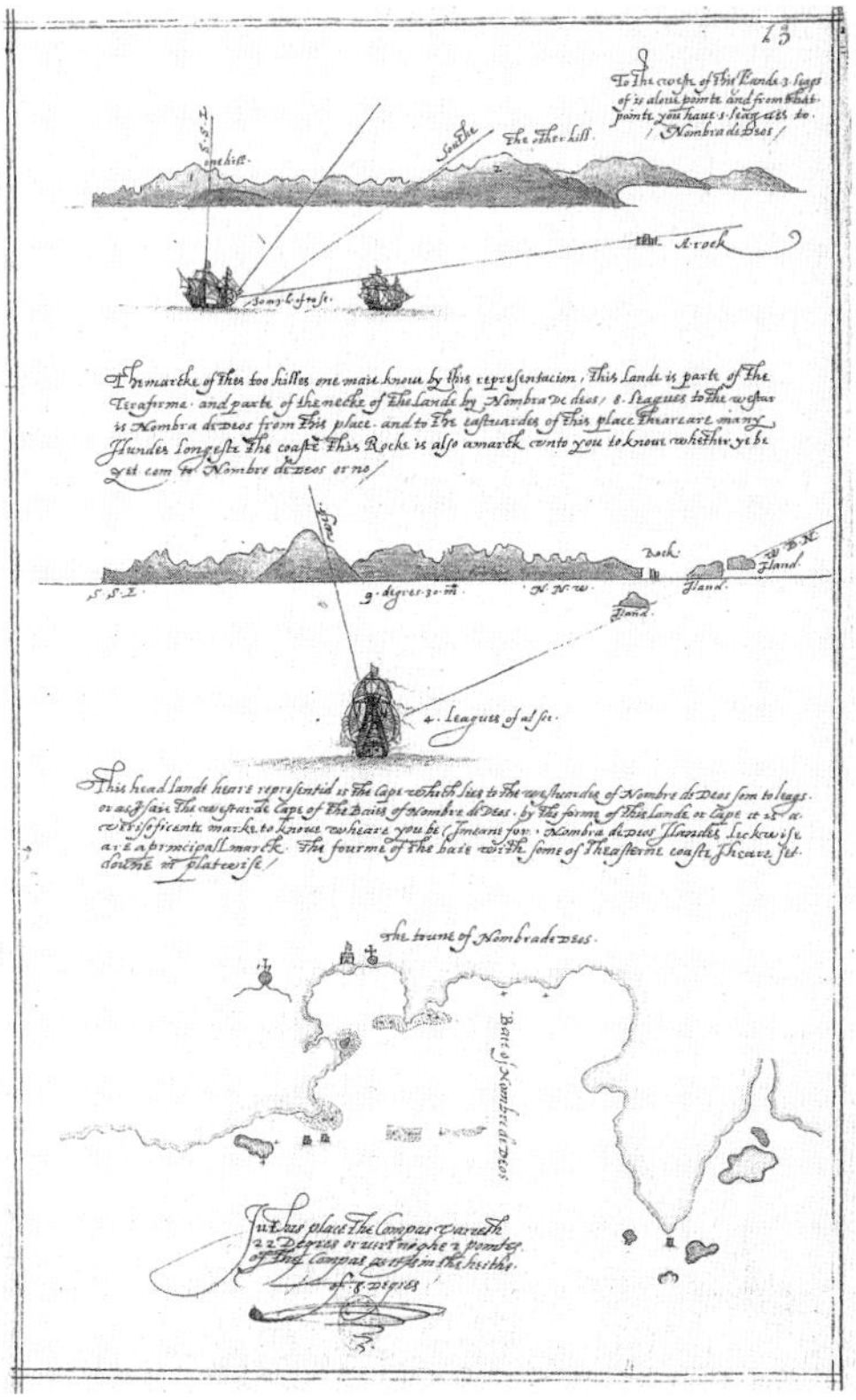

ドレイクの航海記録
ドレイク最後の航海のとき、同行した船員が作成したノンブレ・デ・ディオスの海図。

れ、ノンブレ・デ・ディオス港を攻撃した。このときドレイクは、腿に弾丸を受けて大量の血を失ったために、計画は失敗に終わった。そこである小さな島に臨時の基地を設けて健康の回復をはかり、動けるようになると、ピンネースと呼ばれる小帆船で、カルタヘナやサンタ・マルタ沖で掠奪をおこなった。パナマ地峡の地理の研究にも力をそそぎ、地峡全域の川や間道をめぐった。そして一五七三年二月一一日、密林の奥の山の尾根から、青い南の海（太平洋）を望見して感動した。おそらくこのとき、世界周航のアイデアが彼の心中に芽生えたのではなかろうか。

ポルトベロ要塞群
スペインの金銀輸送に重要な役割を果たしていたポルトベロの要塞群。(2点ともパナマ共和国大使館提供)

フランシス・ドレイク
1543－1596年。イギリス・国立海事博物館蔵の肖像画。

ペルーから銀を輸送してくる船が到着すると、さっそくチャグレス川沿岸にある中継地点で銀輸送のラバ隊を待ち受け、奇襲をかけた。一九〇頭からなるラバのそれぞれが三〇〇ポンドの銀を積んでいた。つまり五万ポンド以上の銀が手に入ったのである。ドレイクたちは運べるだけの銀を奪い、残りは地中に隠した。

一五七三年八月にパナマから帰ったドレイクのその後の消息は、意外とわかっていない。これは、イギリスとスペインの関係が微妙になっていた折であり、ドレイクの遠征の成果は秘密にされ、文書などが残らなかったためであろう。

次に彼が姿を現すのはアイルランドである。一五六〇年はじめのオニールの反乱以後、アイルランドは内戦状態にあった。ドレイクはエリザベス女王が派遣したエセックス伯に仕え、海軍の艦船を指揮したことがわかっている。その直後、エセックスが死んで、ドレイクはふたたびプリマスに戻り、三隻の船を買い入れて航海の準備をし始めた。

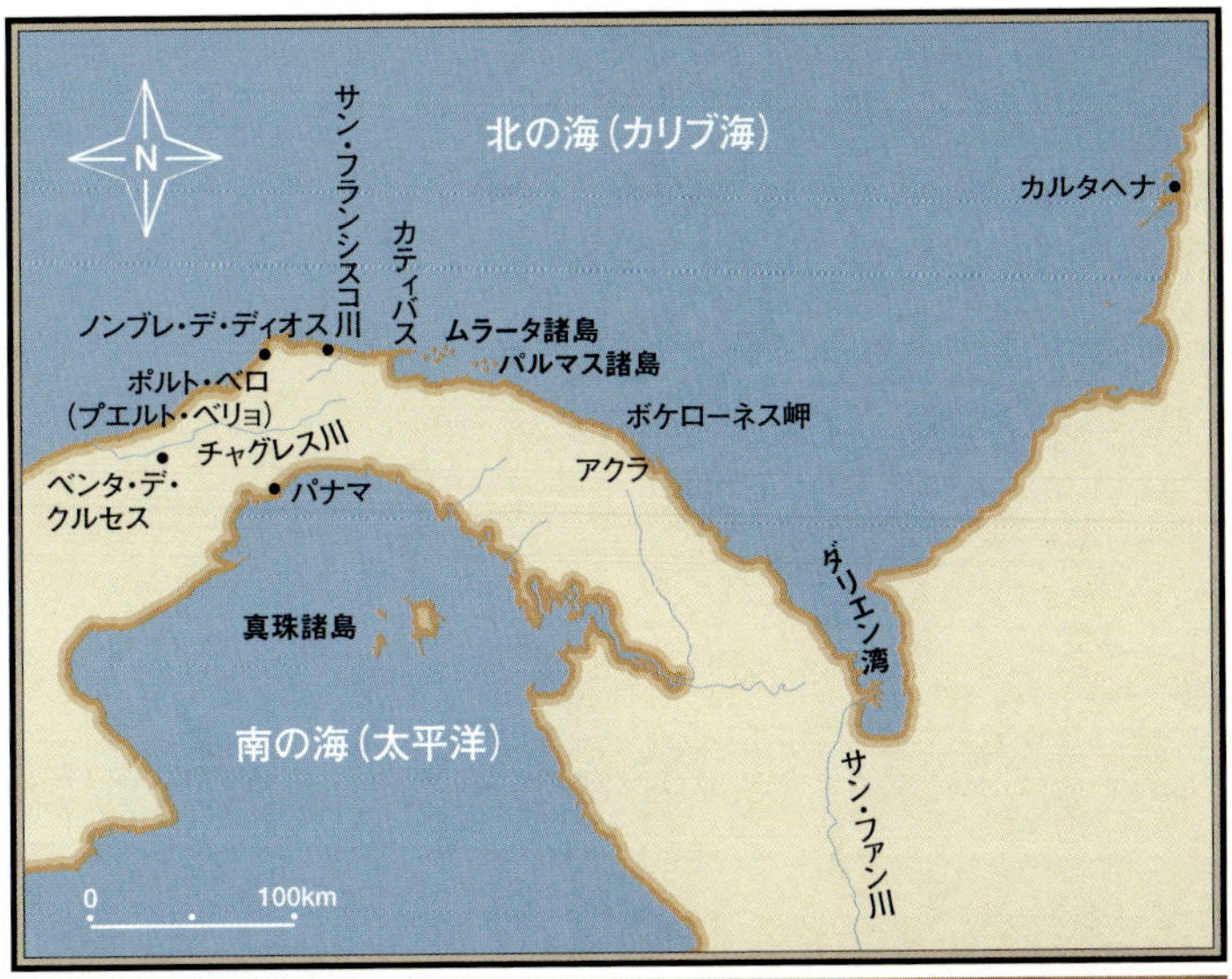

パナマ地峡
1571年、パナマ地峡に向かったドレイクは、カリブ海側に面した多くの町を攻撃した。

ポルトベロ攻撃
ポルトベロの要塞を攻撃するイギリス艦隊。

海賊の世界周航

前代未聞の略奪

一五七七年一一月から一五八〇年九月まで、二年九カ月あまりにわたるドレイクの世界周航は、マゼラン（実はエル・カノ）に続く二回目の達成であった。しかもそれが、前代未聞の大規模な私掠をともなった点で、マゼランの場合と異なっていた。

この世界一周航海は、偶然の産物ではなく、当時の地理学の知識に基づいて綿密に計画された事業であることは明らかである。しかし、スペインに対する顧慮もあって、女王はじめ政府上層部の言動が慎重だったため、文書上の証拠もあま

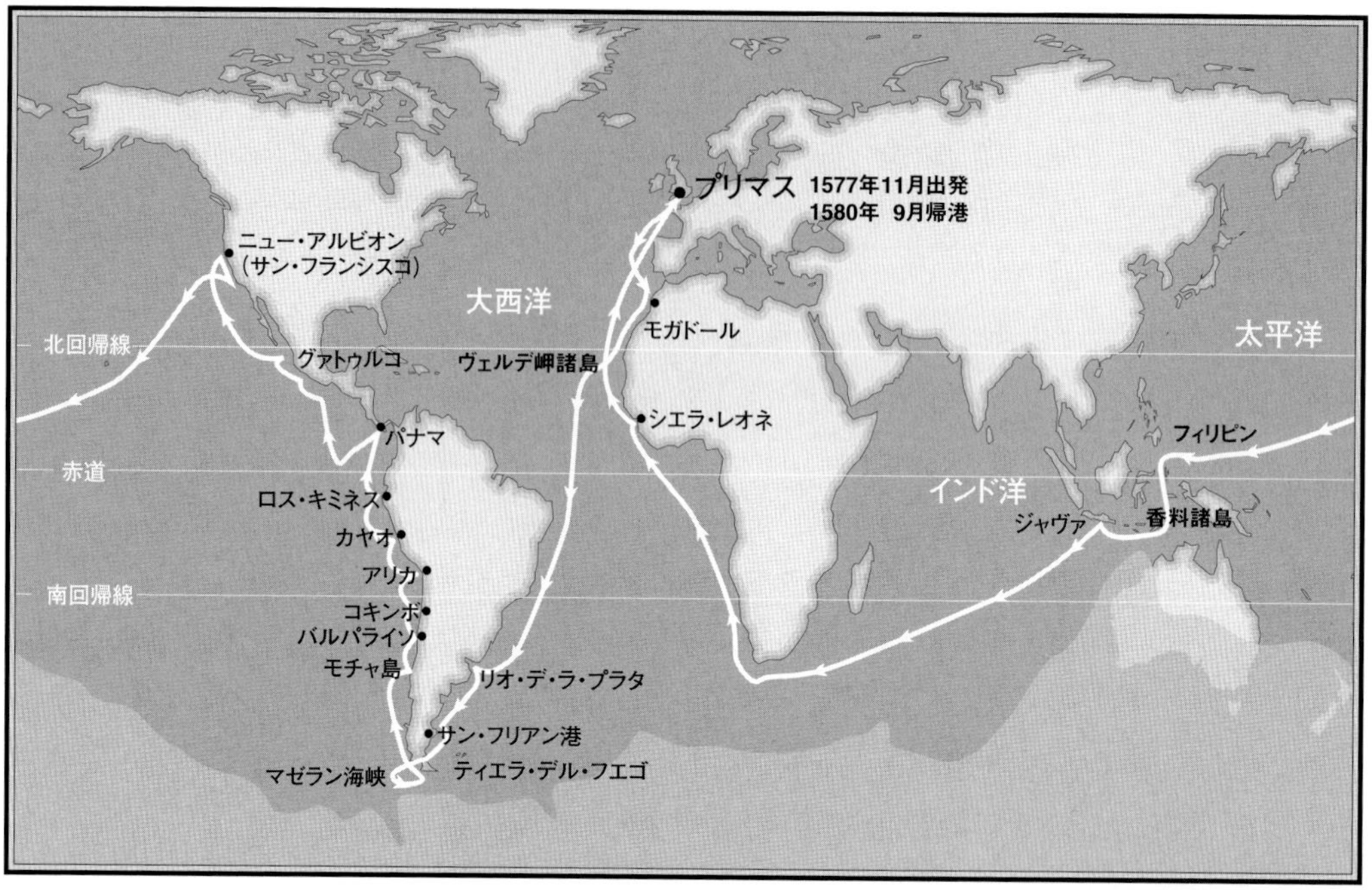

ドレイクの世界周航地図
1577年11月にプリマス港を出発してから1580年9月の帰港まで、約3年の航海であった。だいたいマゼランの航路にしたがっているが、ただひとつちがうのは、北アメリカのサン・フランシスコ辺まで北上していることである。

ニュー・アルビオン到着のドレイク
ドレイクは、ニュー・アルビオン（オレゴン、ワシントン州）を、スペインの勢力のおよばない土地としてイギリスのものとすることを宣言した。

り残っていないが、彼らの暗黙の支持と出資があったことは疑いない。女王の寵《ちょう》臣《しん》レスター伯ロバート・ダドリ、国務大臣フランシス・ウォルシンガムその他が名を連ねていたらしい。

はじめ用意された船隊は五隻よりなり、一六四人を乗せていた。三隻が主力の帆船であり、その他二隻は補助船と食料補給船で、二〇トン前後の小帆船だった。しかし旗艦のペリカン号ですら一四〇トンに満たない小さな帆船にすぎず、乗組員は九〇人だった。ペリカン号は、のちにゴールデン・ハインド号と改名された。両舷に七門ずつ、船首と船尾に二門の砲を備え付けていたから、攻撃力はあった。

出帆にあたって、船隊はアレクサンドリアに行く、と噂されたが、ほんとうの目的はドレイクしか知らなかった。船隊は、まず北アフリカのバルバリア海岸に寄って南下しはじめ、北回帰線あたりでスペインのカラベル船二隻を拿捕《だほ》した。さらに南下してヴェルデ岬諸島に着いたとき、ブドウ酒を積んだポルトガル船を捕らえ、これをメアリ号と改名させて船隊に加えた。飲料水の補給は当時の航海の大問題であり、腐敗しやすい水に代わってブドウ酒を得たことは、ひじょうな力になった。

赤道を通過したころから風の強い地帯に入り、苦心して南下を続けたが、一五七八年六月、マゼラン海峡すぐ北のサン・フリアン港に到着した。ここでドレイクは、彼に反逆する動きを示したトマス・ドーティを、裁判のうえ死刑に処した。それは五八年前に、マゼランが反乱者を処刑した場所でもあった。

マゼラン海峡の通過は、一六日で達成された。マゼランの三七日に比べると、半分以下の日数である。ところが海峡を抜けると、猛烈な嵐に襲われ、ほかの船とはぐれて大いに難航した。チリ海岸の悪天候は五二日間続いた。その後の航海は平穏であり、バルパライソ港、アリカ港を襲って若干の銀を得た。二月半ば、ペルー副王領の首都リマの外港カヤオで掠奪をおこなおうとして失敗し、港外に逃げた。

大した収穫があがらないので、船員一同に不満がみなぎったが、さらに北上してサン・フランシスコ岬の南まで来たとき、一隻の大型帆船にぶつかった。リマからパナマに航行中のヌエストラ・セニョラ・デ・ラ・コンセプシオン、通称カカフェゴ号であった。ペルー副王領で産出した銀をパナマに運び、そこから地峡を横断して本国行きの船団に積むため、輸送の途中であった。この船からドレイクが奪ったのは、砂糖、おびただしい量の宝石、一八万ポンドの金と銀だった。一〇年前、サン・ファン・デ・ウルーアでイギリス側がこうむった損害額三一五〇ポンドの五七倍にも上る金額だった。

海賊がもたらした富

その後ドレイクは、グァテマラのグァトゥルコで徹底的な掠奪をおこない、さらに北上して、北緯四八度のバンクーバ

カカフェゴ号の捕獲
ドレイクの指揮するゴールデン・ハインド号は、パナマにむかうペルー銀の輸送船カカフェゴ号捕獲して、莫大な宝を得た。

ー島あたりで反転して南下し、もっと気候の温暖なカリフォルニア湾に入港してしばらく滞在した。ここで貴重な積み荷を下ろし、船を修理する必要があったのだろう。イギリス人たちは土地の住民たちと友好関係を結んで、そこをニュー・アルビオンと名付け、エリザベス女王の名において占領することを宣言して海岸に碑文を刻んだ金属板を建てた。

太平洋を横断したゴールデン・ハインド号は、一五八〇年七月、香料諸島にあるテルナテ島に着いた。そして六トンの丁字《ちょうじ》をひじょうな安値で仕入れることができた。喜望峰を回って、プリマスに帰港したのは、一五八〇年九月二六日だっ

ゴールデン・ハインド号
1574年ごろ建造されたペリカン号が、ドレイクの世界周航中ゴールデン・ハインド号と改名され、以後その名によって知られることになった。
(写真提供・ボルボックス／撮影・中村庸夫)

た。

　ドレイクが国にもたらした宝は、全部で六〇万ポンド。出資者は四七〇〇パーセントの配当を受け、エリザベス女王は三〇万ポンドを下らぬ配当金を受け取ったという。「エリザベスは、その配当金で外債を全額清算し、また残金の一部である約四万二〇〇〇ポンドをレヴァント会社に投資した。そしてこの会社の収益をもとに、一七、八世紀を通じ、その利益からイギリスの海外関係の基礎がつくられたところの、東インド会社が組織されたのである」と経済学者メイナード・ケインズは、その論文「貨幣について」（一九三〇年）のなかで言っている。

騎士に叙せられるドレイク
実際には、女王はスペイン王への手前、フランスの貴族マルショーモンに式を委任したと言われる。

　ロンドン在住のスペイン大使ベルナルディーノ・デ・メンドーサは、あらゆる手を使ってドレイクの航海に関する情報を集め、イギリス人が犯した破壊と窃盗に対する賠償を求め、またドレイクの処罰も要求した。しかし、女王は絶対に航海の秘密を明かそうとせず、言を左右にしてメンドーサの追及に応じなかった。

　女王はドレイクに騎士の称号を与えたが、叙任式は彼女の宮殿ではなく、デットファドに繋留されていたゴールデン・ハインド号の船上でおこなわれた。女王は茶目っ気を発揮して「私掠者のはずが海賊になってしまったのだから、首を切るために金箔の剣を用意させた」と冗談めかして言いながら、その剣をフランス王の廷臣マルショーモンに渡し、自分に代わって叙任式をおこなうよう命じた、と記録されている。

最後の遠征

スペイン無敵艦隊敗れる

　ドレイクのプリマス帰港は一五八〇年九月だったが、五年後の一五八五年、イギリスはスペインと公然たる戦闘状態に入った。イギリスの私掠船の活動が本格的になったのはこのときからであり、その先頭に立ったのはドレイクだった。

　同年九月、ドレイクは二三〇〇人を二九隻の船に乗せてプリマスを出航し、まずエスパニョーラ島のサント・ドミンゴを攻撃して町を破壊し、二万五〇〇〇ドゥカードを掠奪した。さらに南米大陸北岸のカルタヘナを占領し、スペインの総督に一一万ドゥカードの金を支払わせた。

ドレイクのカリブ海襲撃は、スペイン王室に大きな衝撃を与えた。サント・ドミンゴとカルタヘナのふたつの要衝が破壊され、二四〇門の砲が取り外されただけでなく、多くの艦船が沈められたのである。スペインのフェリペ二世が無敵艦隊編成の計画を立てはじめたのは、この衝撃が原因のひとつだったという。無敵艦隊の噂が流れると、ドレイクは先制攻撃をかけようと女王に提案し、一五八七年四月、二三隻二二〇〇人の大船団でプリマスを出帆し、南スペインのカディス港に殴り込みをかけて、多くの敵船を破壊した。ドレイク自身のことばを借りて言えば、「スペイン王の髭を焦がしてやった」のである。

　その直後の六月八日、ドレイクはアソーレス諸島沖で大型帆船サン・フェリペ号を捕獲し、積み荷を掠奪した。それまでの戦利品を合わせると、彼は全部で一四万ポンドを獲得したわけだが、出資者である女王に四万ポンド、ロンドン商人たちへ四万ポンドの配当金を渡し、自分は一万七〇〇〇ポンドを取った。

　このように、私掠船業はたいへんもうかる商売だった。したがって、商人は出資するだけでなく、みずから武装船を用意して獲物を求めることも珍しくなかった。だから商船と私掠船の差は、ほんのわずかなものだったのである。ただし私掠船ということばは、一七世紀になってから生まれた。一六世紀当時は、私掠船員や武装して海に出た商人たちは、シー・ドッグ、すなわち「海の犬」という、あ

イングランド艦隊とエリザベス1世
ジョン・デー（1527—1608年）の航海術書の題扉に付けられた版画。女王が指揮するイングランドの艦隊の図である。

スペイン無敵艦隊への火船攻撃
イギリス艦隊と無敵艦隊が雌雄を決したグラヴリヌ沖の海戦で、イギリス側は、ウインタの提案で、燃料を満載した八隻の船を無敵艦隊に送りこんで敵を撹乱した。

ロペ・デ・ベガの『ドラゴネテア』
ドレイクがノンブレ・デ・ディオス攻撃に失敗して死んだとき、スペインの著名な劇作家ロペ・デ・ベガがイギリスの野望を嘲って書いた小冊子。竜（ドレイク）が鷲（スペイン）に敗退している。

フェリペ2世
16世紀後半のスペインの帝王フェリペ2世（1527―1598年・在位1556―1598年）は、世界最大の領土を所有する絶対君主だった。

まりありがたからぬ名で呼ばれた。

一五八八年八月の無敵艦隊撃破は、ドレイクにとって彼の生涯の頂点であった。とくに彼の強い主張で火船攻撃をおこなったことがスペイン艦隊を大混乱に陥れ、イギリス側の勝因となったことは重要であった。

ドレイク、パナマに死す

無敵艦隊撃破以後、ドレイクはイギリス海軍の問題に関して絶大な発言権を持つこととなった。女王もスペインに対する強気の攻撃計画を立てて彼にその実行を命じたが、一五八九年に企てられた、スペイン、ポルトガル遠征の計画は失敗に終わった。

一五九五年、エリザベス女王はドレイクとホーキンズを呼び寄せ、ふたりで共同して「われわれの最大の仇敵、スペイン国王を攻撃する」ため、カリブ海沿岸の攻略を命じた。

ドレイクは、パナマの事情はよく知っていたので、そこを攻略してイギリスの根拠地にする考えを持っていた。しかし女王は決心がつきかねていた。そこで女王は、ドレイクたちに、西インド諸島に向かう前にまずスペイン本国の沿岸に行き、停泊しているすべてのガレオン船を破壊し、同時に輸送船団を襲ったうえで、翌年五月にはプリマスに戻るよう条件を出した。ドレイクらは、これがひじょうに負担過剰な作戦であると感じて反対したので、スペイン沿岸での作戦は撤回された。

同年八月二九日にプリマスを出港した艦隊は、かつて一五八五年にドレイクが西インド諸島へ率いて行ったのとは比べものにならないくらい強大なものであった。女王から貸与された六隻の戦艦のほかに、重武装した二一隻の商船、一五〇〇人の乗組員と二〇〇〇人の兵士が乗り組んでいた。しかしドレイクとホーキンズの間が最初からうまくいかず、しばしば指揮系統が乱れた。やがてホーキンズは病に臥し、プエルト・リコ沖で死亡した。

ドレイクはもう一度パナマ攻略を計画した。クリスマスの二日後、ノンブレ・デ・ディオスは落ちた。しかし、地峡を横断してパナマを占領するために派遣し

ドレイクの銅像
イギリス南部プリマス港の高台にたつ銅像。

た部隊は、雨にたたられたうえにスペイン軍の反撃を受けて、半数以上を失って退却してきた。赤痢や熱病が隊員たちを冒し、またドレイク自身も病気になって、翌年一月二八日の早朝、息を引き取った。

ドレイクやホーキンズが悟ったのは、西インド諸島でもスペインの防衛態勢がいちじるしく強化されていることだった。どんな大艦隊をもってきても、堅固な砦や城壁をめぐらした町を攻略することは至難の業《わざ》だったのである。イギリス人たちは、アメリカ大陸に領土を持たない弱

サン・マルコス砦
アメリカ合衆国フロリダ州北部の都市、セント・オーガスティンに現存するスペイン植民地時代の砦。セント・オーガスティン（サン・アグスティン）は1586年にドレイクによる攻撃を受け、さらに1668年にはバッカニアたちに攻められ、ほとんどの住民が殺された。（セブンフォト提供）

サント・ドミンゴ
バプティスタ・ボアツィオが描いた、ドレイクのサント・ドミンゴ港攻撃（1586年）の絵。

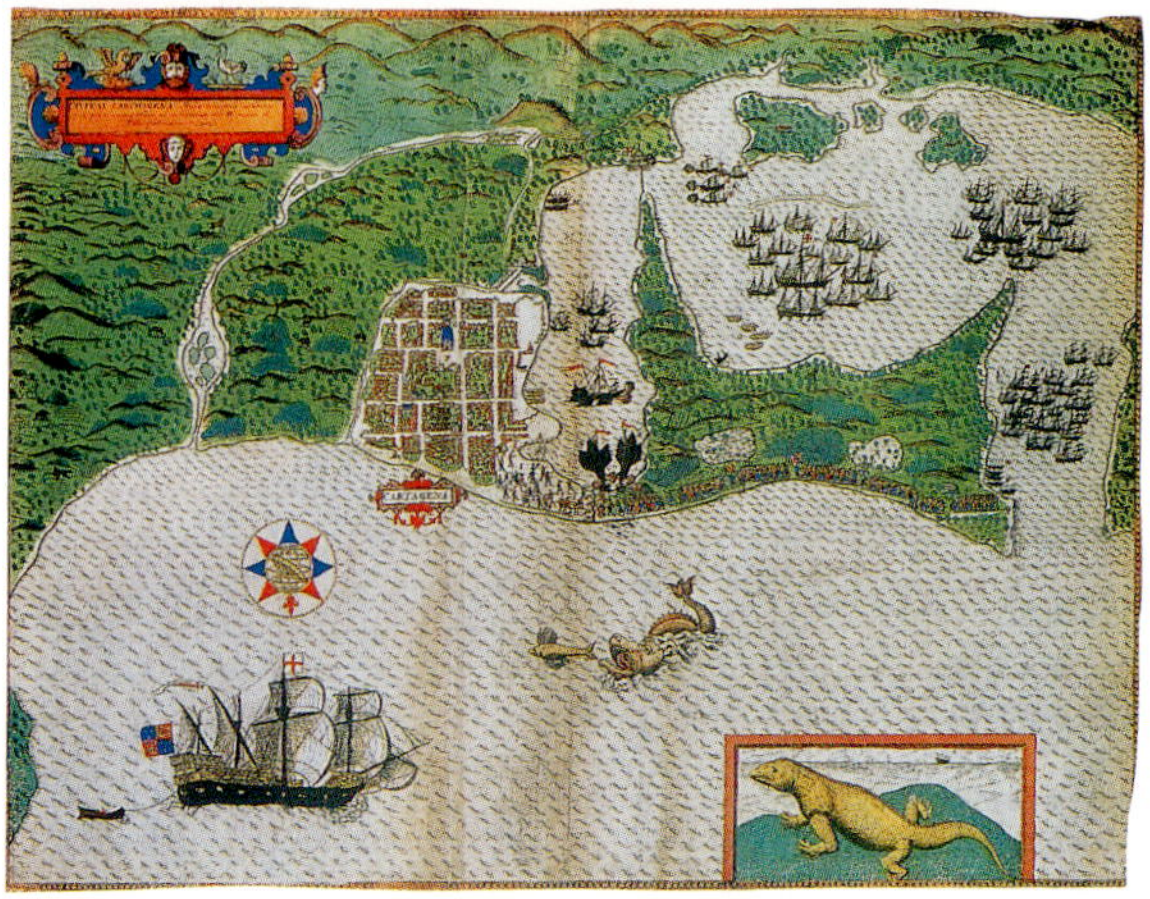

カルタヘナ
現コロンビアのカルタヘナ港。上の図版と同じくバプティスタ・ボアツィオによる。

スペイン無敵艦隊の敗北
オランダ独立を助けるためにフェリペ二世が派遣した130隻の大艦隊は、機動力に富むイギリス艦船の砲火と悪天候のため、無残にも破れた。

みを痛切に感じたにちがいない。
そこで世紀が変わると、私掠船員たちの目標は、西インド洋海域にどんな小さな島でもいいから獲得したい、ということになったのである。

海賊女王 グラニュエール

アイルランドという国

イングランドのエリザベス一世が、イギリス海峡や大西洋を中心に活動を展開する私掠船に認可状と資金を与えて援助していたのと同じ時代に、隣のアイルランドの西岸にもひとりの女丈夫がいて、同じように船隊や私掠船団をあやつり、盛んに海上活動をおこなっていた。

アイルランドは、ケルト人が古くから住みつき、三世紀以後、キリスト教の布教がおこなわれて、各地に修道院が建ち、ローマ帝国滅亡後、ヨーロッパで高い文化水準を維持する唯一の地域となったが、八世紀以後ヴァイキングの侵攻をうけて荒廃した。キリスト教は維持されたが、それ以後、アイルランドはつねに数多くの氏族集団が争い合う首長制社会の集合であり、決して全島打って一丸となった国家となることはなかった。

隣のイングランドは中世初期からアイルランドに関心を示して、しばしば植民や征服を試みた。一六世紀にはいり、イングランド自体が近代国家の体裁をととのえはじめたときに、イギリス流の政治体系をアイルランドに押しつけようとして、それを拒むアイルランドの支配層としばしば紛争を起こした。一五三四―三六年にアイルランド首長たちによるキルデアの反乱が起こり、それが鎮圧されて、アイルランド議会がイングランドのヘンリ八世をアイルランド王として認めることを承認すると、一連のイギリス化の政策がとられた。

その主要点のひとつは、首長や豪族の

土地を国王に返還させ、そのうえで爵位と封土を授与することだった。イギリス国教会への統合も提案された。

　また臣下となったアイルランド人は英国法を守らねばならなかった。このように、いろいろなやり方でイングランド国家への吸収が図られたわけだが、これに対してアイルランド人はしばしば抵抗し、ときには武力反乱に訴えた。その結果、イングランドが実効的な勢力範囲とできたのは、島の東部の、ダブリンを中心とする「ペイル」と称する一地域にすぎなかった。

グレイス・オマリとは誰か

　グラニュエール、またの名をグレイス・オマリ。並はずれた軍事的能力と政治的手腕を武器に、数十年にわたってアイルランド西岸地域を支配した海賊女王。同時代のイングランドの支配者たちからは、「大いなる掠奪者にして反乱者、海上の窃盗と殺人のリーダー」と恐れられ、アイルランドの詩や物語に謡《うた》われた女傑である。

　その生涯はいまだに霧に包まれているところが多い。現在手にすることのできるかぎりの記録から見えてくるのは、何世紀にもわたる自分の一族の伝統にしたがい、イングランドという強敵の前で、自分と子孫が生き残るための道を求めて戦った、ひとりのたくましい女性の姿である。

　グラニュエールは、アイルランド西岸コナハト地方のクルー湾一帯を支配していたウールの族長ドゥダラ（黒い樫）・オマリと妻マーガレットのひとり娘として生まれた。アイルランド人は、もっぱら農耕と牧畜で暮らしていたが、オマリ一族は、古くから海賊業と漁業によって生きていた。一六世紀に、一族はこのあたりの海を支配して、スコットランド、スペイン、ブルターニュなどの漁民たちに対する操業の許可権を持ち、交易に従事し、海賊行為をおこない、スコットランドの傭兵の輸送を引き受けたりした。

　ドゥダラは、娘が一五歳のとき、地元のオフラハティ氏族の族長ドナルとの結婚を取り決めた。グラニュエールはオーエン、マロウのふたりの息子を産んだが、夫が近隣の氏族との戦いで戦死したため、オフラハティの男たちを率いてクレア島に居をかまえ、父親の船と二〇〇人の手勢を率いて、海賊行為に乗りだした。

　クレア島は住民一〇〇人たらず。人目につかず、湾を航行する船の行き来が一望できたから、海賊行為の基地としては理想的だった。船隊は機動的なガレー船で構成されていた。そのうち一隻は「帆と三〇本の櫂で進み、船上には一〇〇人の優秀な射手が彼女を守った」と書かれている。男たちは、彼女のもとで喜んで働き、彼女は部下たちを誇りにし、「船いっぱいの黄金よりも、船いっぱいのコンロイ一族やマッカナリー一族のほうがよい」と言ったという。

　イングランド、スペイン、フランスなどからアイルランド西海岸に沿って定期的に往復する商船は、ブドウ酒、トレドの鉄、塩、ダマスク織、絹、人造宝石などを満載していたため、かっこうの餌食になった。ゴールウェイの豪商たちは、イングランド王室にこの被害を報告しているが、当時のイングランド王室としては何もすることができなかった。

イングランドとの戦い

　やがてスペインとイングランドの関係が悪化しはじめ、アイルランドが利用される危険が出てきたため、イングランドはメイヨーをはじめとする遠隔地に勢力を伸ばそうとした。グラニュエールは、船隊に良い避難港を手に入れるため、クルー湾の北岸にあるロックフリートの城主リチャード・バークと結婚した。選択の理由は、城主よりも城だった。民間伝承によると、グラニュエールは、リチャードとの間に「一年間は確実に」結婚し、そのあとはお互いが望んだなら、離婚できるとする契約を結んだ。これは古代ゲールの伝統的な法に従った契約であった。

結婚して一年たった日、グラニュエールは夫を城から締め出し、離婚を宣言した。だがこの夫婦はまた結ばれ、一五八三年にリチャードが死ぬまで一緒に暮らした。

彼女が三番目の息子を産んだのは船の上だった。名前はティボット・ネ・ロング、すなわち「船団のトビー」である。出産の翌日、船はアルジェの海賊に襲撃された。彼女は部下たちを叱咤《しった》激励して、相手を追い払ったが、このころにはバルバリアの海賊は、ジブラルタル海峡を越えて大西洋にまで進出するようになっていたのである（第3章参照）。

一五七六年、女王の代理人サー・ヘンリ・シドニー（詩人フィリップ・シドニーの父）がゴールウェイ市を訪問中、「もっとも有名な女船長グレイニー・イ・マリー」と会った。その後、夫のリチャードは騎士に叙せられ、グラニュエールはレディ・バークとなった。これははじめに述べたイングランド女王の騎士叙任政策を受け入れたことを意味するだろう。しかし、グラニュエールはシドニーに約束した忠誠ということばを広く解釈し、前と同じように、自分の勢力範囲に入ってくる船から通行税を取り立て、ときによっては海賊行為を働いた。

一五七七年春、マンスターへ海賊行為に行く途中、グラニュエールは囚われ、リメリックの牢、およびダブリン城に一八カ月幽閉された。やがて彼女は釈放されたが、その条件は、マンスターでの反乱に関わっている夫を説得する、というものだった。しかし、この約束は結局守られなかった。

一五八三年に夫が死ぬと、グラニュエールは部下全員を集め、一〇〇〇頭の牛と雌馬を引き連れてロックフリート城に入った。そのとき彼女は五三歳だった。そのころイングランドとスペインの対立が悪化し、八五年には戦争状態に入った。アイルランドとスペインの結びつきを恐れるエリザベスは、アイルランドに廷臣を送り込み、それまでとはちがって容赦なく族長たちを屈伏させようとした。コ

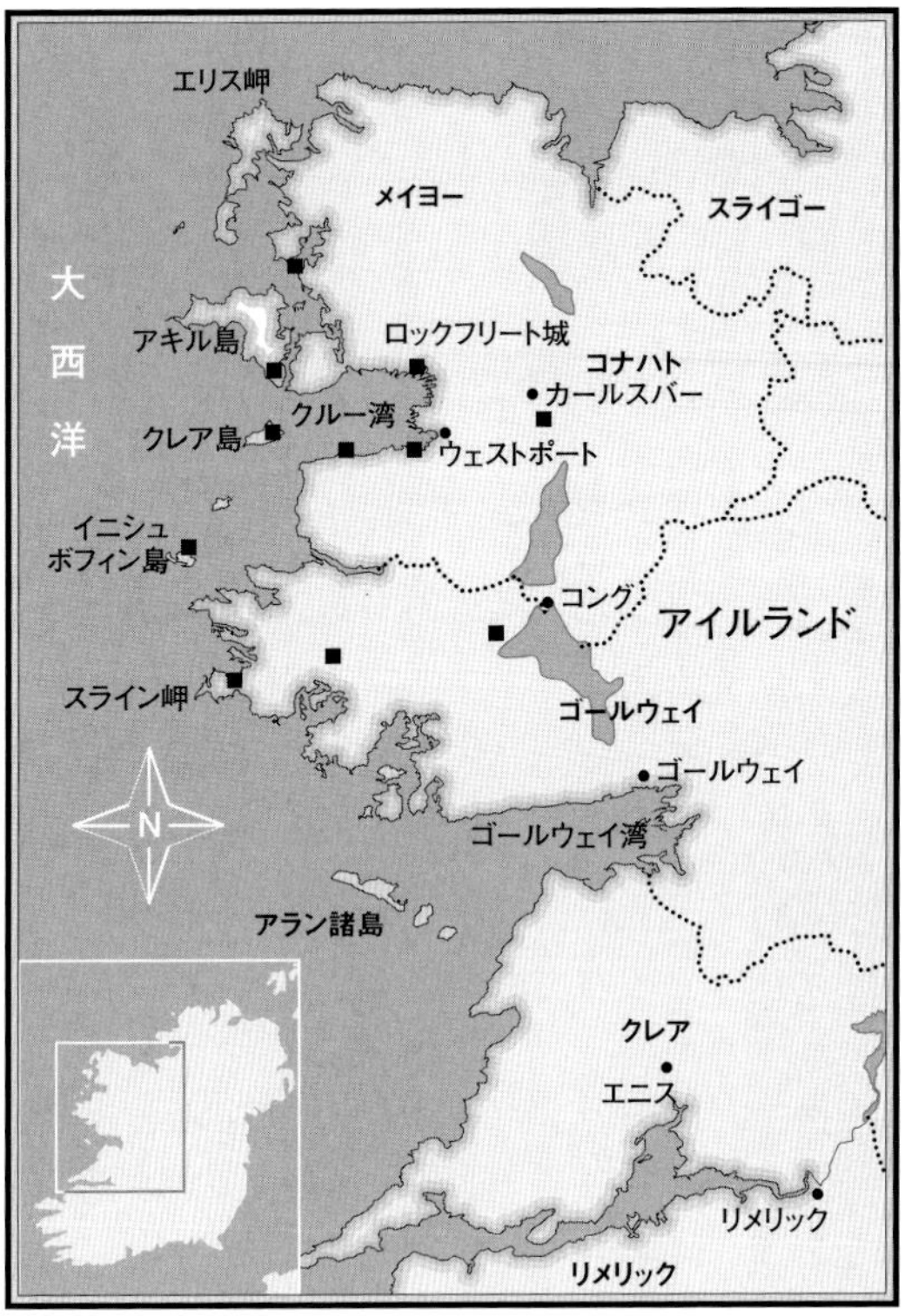

グラニュエールが活躍したアイルランド北西部の地図
グレイス・オマリはアイルランド北西部コナハト地方の実力者だった。■は城塞があった場所。

ナハト総督のリチャード・ビンガムは、グラニュエールがコナハトの反乱にかかわり、スコットランドの傭兵を輸送した、という理由で逮捕したが、危機一髪のところで、人質と引き替えに釈放された。莫大な数の家畜を没収されたので、ふたたび海だけが彼女の生きる場所となった。

海賊女王の決断

一五九二年、クルー湾にビンガムの軍勢が侵入し、グラニュエールの船隊の一部を没収した。さらに、アルスターの反乱に加わった容疑で、彼女の末の息子が逮捕された。翌年、彼女はエリザベス女王に嘆願書を書いた。そして自分がやってきた海賊行為は、一族を守るための「陸と海での保全行為」だと釈明した。同じようなことをしていた女王は、これに関してはたいへんもの分かりがよかったと思われる。グラニュエールは末の息子の釈放を求め、ふたりの息子が父親の土地を相続できるよう嘆願した。そのかわり生涯を通じ、いかなる場所でも陛下の敵と戦う、と誓った。

その年のうちに、グラニュエールは、クルー湾から船でロンドンに向かい、ふたりの女性の会見が実現した。この会見において、グラニュエールはじぶんの一族を守るため、イングランドと協調する態度を示したのであろう。

アイルランドの政治情勢は沸騰点に近づきつつあった。アルスターの族長ヒュー・オニールとオドンネルは、反英勢力を結集し、スペインからの援軍に期待した。グラニュエールとそのガレー船隊はその両方の側から熱心に求められた。当初彼女は、三男のティボットとともに、イングランドに対抗するアルスターの族長たちの側に立ったが、族長がメイヨーに入り、ティボットのかわりにじぶんのお気に入りをマックウイリアムの族長に立てるに及んで、イングランドの側に立った。アイルランドとイングランドの最後の決戦となった一六〇一年のキンセイルの戦いで、彼女ははっきりとイングランド側に立っている。二年後の一六〇三年、ティボットはナイトに除せられ、メイヨー子爵家を創設した。

グラニュエールは女王との会見後も、船の上から海賊を指揮しつづけたらしいが、女王が死んだのと同じ年、すなわち一六〇三年に、ロックフリート城で没したと言われている。葬られたのは、クルー湾入り口のクレア島の修道院だった。

グレイス・オマリとエリザベス1世の会見
グレイス・オマリは、アイルランド北西部の一城主でありながら、イングランドのエリザベス1世と対等に渡り合ったと言われる。左の女性がオマリ。

第5章

バッカニア、海を駆ける

黄金時代

さまよえるオランダ人
この世と地獄の間をさまよい続けるオランダ人船長の幽霊船伝説を、ドイツ詩人ハイリッヒ・ハイネが「さまよえるオランダ人」という詩にし、それに着想を得たワーグナーが同名のオペラを制作した。ハワード・パイル画。

オランダの台頭

ピート・ハインの掠奪

一七世紀の特色のひとつは、オランダ（ネーデルランド）の登場である。オランダは、ハプスブルク家の所領として一五一六年以来、スペインの統治下にあったが、その強権政治とカトリシズムの強制に反発する新教徒市民の抵抗が強まり、一五八一年に独立を宣言した。オランダは元来海事国であり、北ヨーロッパに漁船や商船を送っていた。一六世紀に入ってからは、広く大西洋に活動の舞台を広げ、さらにアジアにも進出して、私掠船活動を盛んにおこなっていた。

一六世紀末から一七世紀はじめにかけて、スペインの銀輸送船団に対するオランダの私掠船の攻撃は、イギリスのそれをしのぐ勢いになった。ひとつの注目すべき例としてあげられるのが、ピート・ハインの掠奪である。彼は一六二六年、スペインの銀輸送船の集結地であるハバナ近くのマタンサスに小さな船隊とともに潜み、スペイン側の虚をついて奇襲し、貴金属と香料を積んだ九隻の大型船を全部拿捕《だほ》してしまった。スペイン人はこの敗北ののち、カリブ海植民地の沿岸警備隊を強化し、輸送船の針路を変更したが、これらすべての警戒措置にもかかわらず、私掠船の活動は止《や》まず、スペインの輸送船団制による統制貿易の体系自体が、存続を危ぶまれるようになってきた。

植民地と奴隷貿易

一七世紀の二〇年代から、カリブ海における私掠船の活動は新しい段階に入った。それまでアメリカ大陸やそれに付属する島々に足掛かりを持たなかったイギリス、フランス、オランダなどの諸国が、植民地の創設に関心を持ちはじめたのである。まとまりのない私掠船だけに頼るのでは不十分であり、各国が公式の艦隊を派遣して、スペインから領土をもぎ取る必要があった。そこで、一七世紀にはヨーロッパで戦争が起こるたびに、軍事的対立がアメリカ水域にまで持ち越され、島々の争奪戦がおこなわれた。こうして小アンティル諸島の大部分は、イギリスとフランスの領土となった。

たとえばイギリス領ジャマイカは、クロムウェルの「西方計画」の偶然の産物だった。彼は、「スペイン国王の、精神・政治両面にわたる苛酷な束縛と拘束から、インディーズ（インディアス）の住民を解放し、真の宗教、つまりプロテスタンティズムを広めること」を目標として、一六五四年にこの計画を宣言した。一六五五年はじめに八〇〇〇人よりなる大軍を、カリブ海の要衝であるサント・ドミンゴ港に送り、これを永久占領しようとした。

これは正式の艦隊を称していたが、実際のところは私掠船の集まりにすぎなかった。しかし、作戦は失敗に終わり、熱帯地の悪疫にたたられて一〇〇〇人を失い、撤退を余儀なくされた。指揮官たちは、そのままではクロムウェルに合わせ

ピート・ハイン
1577—1629年。17世紀はじめから、カリブ海におけるオランダの私掠船活動の先頭に立った人物。

銀輸送船を襲うピート・ハイン
ピート・ハインは1626年、ハバナ港付近で銀の輸送船を待ち伏せし、9隻の大型船を全部打補してしまった。

オランダの私掠船
オランダは、独立以前から積極的な海外活動をおこない、その私掠船は、北海やカリブ海に出没していた。

る顔がないので、そこからやや西にあるジャマイカ島なら人口も少なく、防備も手薄というので、現在のキングストン・タウンのあたりに上陸した。抵抗はほとんどなく、またたく間に全島が占領された。

　ジャマイカ島は、その世紀のうちに、タバコや砂糖の大生産地となり、イギリス本国に多くの富をもたらした。そのポート・ロイヤル港は私掠船の一大根拠地となり、また奴隷貿易の中心地となって栄えた。

　奴隷貿易にはイギリスもフランスも精を出したが、一七世紀になってこれでいちばん収益をあげたのは、オランダであった。彼らは一六三二年、西アフリカにおけるポルトガル人の奴隷貿易の重要な根拠地であったエルミナを奪い、アメリカ大陸目当ての奴隷売買業に大きな弾みをつけたのである。

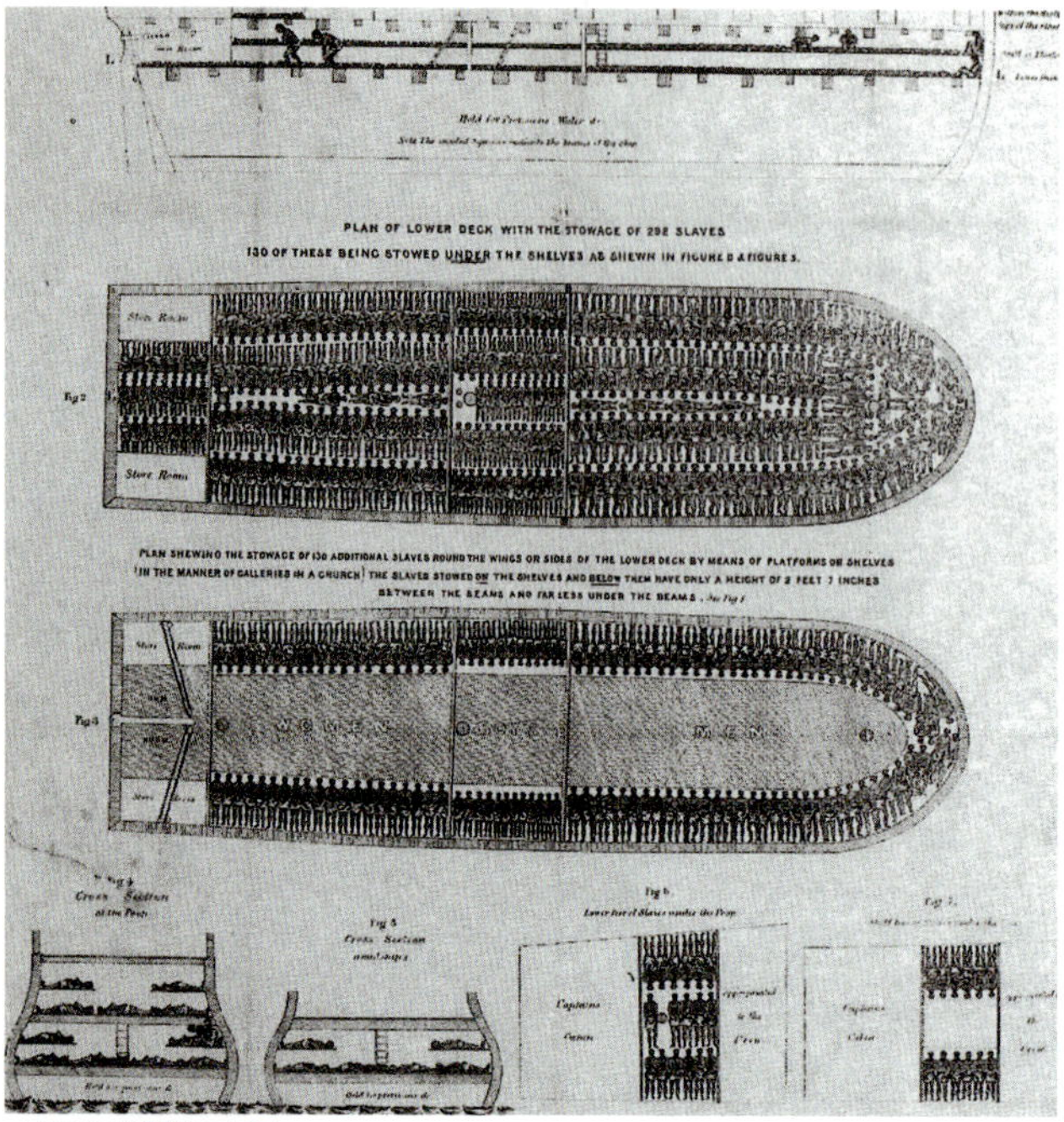

イギリス奴隷船の内部
奴隷船は、数百人のアフリカ人を、ほとんど身動きができないほどに押し込んで、大西洋を横断したが、航海ごとに多数の死者をだした。

海賊の島 トルトゥーガ

海賊の溜り場

　ポート・ロイヤルとともに私掠船の有力な根拠地となったのは、エスパニョラ島北東岸近くにあるトルトゥーガ島である。エスパニョラ島はその南海岸にあるサント・ドミンゴを除いて人口も少なく、島の北西岸にはフランス人、オランダ人、イギリス人などの海賊が住みついていた。

　彼らの主食は、スペイン人たちの家畜の群れから離れて野生化した牛の肉であった。住民たちは、牛肉を木製の網にのせて弱い火で燻製にし、海岸を通る船に売りつけた。この木の網がトゥピー語からきたブーカンという名で呼ばれ、それ

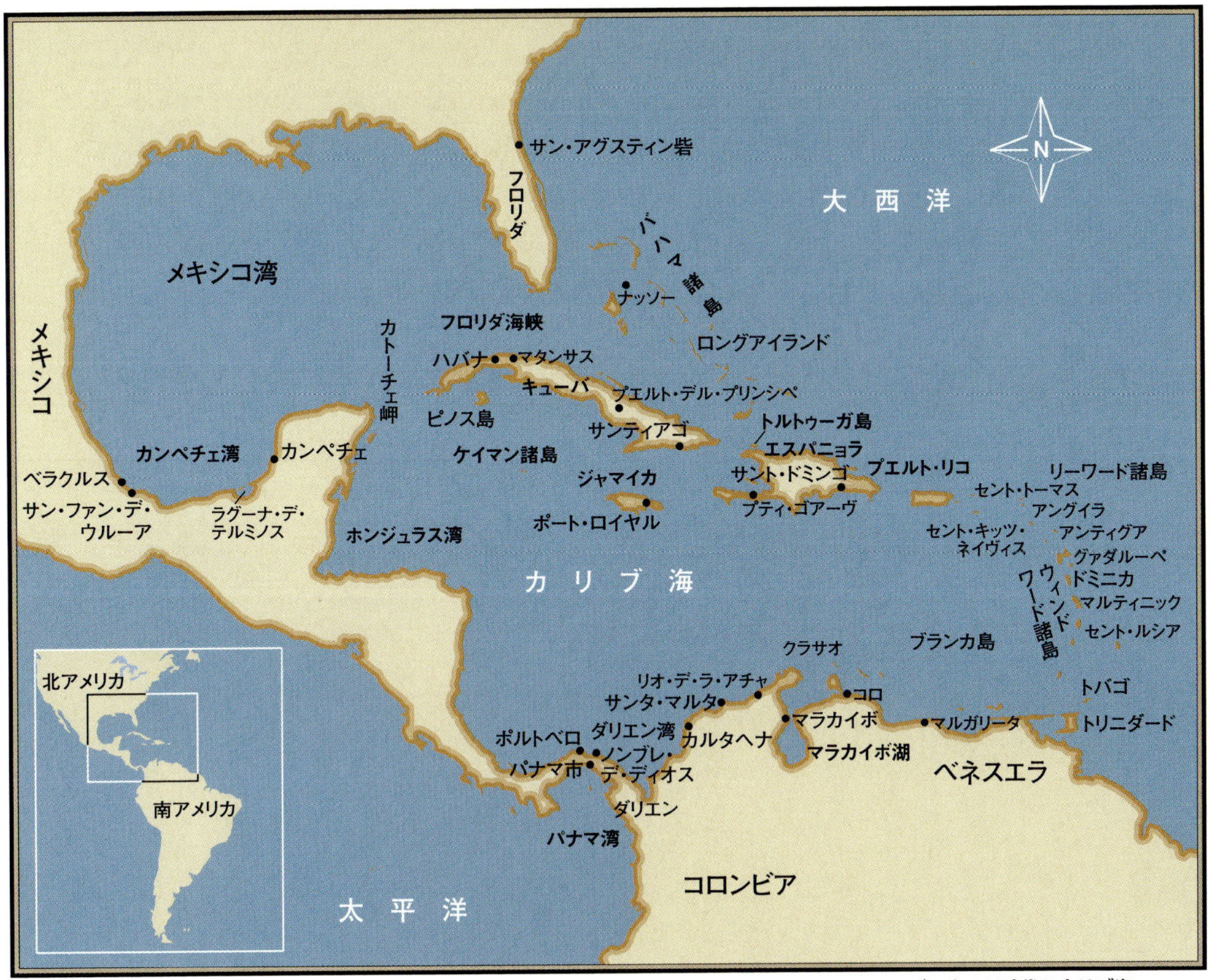

バッカニア時代のカリブ海
大アンティル諸島と中央アメリカに囲まれたカリブ海と呼ばれ、海賊の活動の場となったが、イギリス人たちは、パナマ地峡からオリノコ河口までの水域を「スパニッシュ・メイン」と呼んだ。

エスパニョラ島
スペイン人が最初に植民した島である。スペイン本国とアメリカ植民地を繋ぐ重要な拠点だった。しかし開発されない部分が多く、とくに島の北岸は各国の海賊の巣となった。

からブーキャンニエというフランス語を経由してバッカニアということばが生まれたのである。つまり肉の燻製を作る人

トルトゥーガ島の要塞
海賊の本拠地となった木造の砦。この図はエスクェメリンの著書に掲載された。トルトゥーガ島は、現在のハイチに属する。

だけでなく、それを買う海賊たちもその名で呼ばれるようになったのである。

一六二九年から三〇年の間に、これらのバッカニアたちは、エスパニョラ島から対岸のトルトゥーガ島に移った。ところがこれを危険視したスペイン人たちは、バッカニアたちを根絶しようと決心した。

一六三五年一月、強力な討伐軍が派遣され、捕らえられたバッカニアたちは、ひとり残らず縛り首にされた。しかしその結果、スペイン人たちはその後、手痛い代償を支払うことになった。彼らの手を逃れたわずかの生存者たちは復讐を誓い、スペイン人を仇敵と見なしてあらゆる種類の海上の掠奪をはじめたからである。

やがてトルトゥーガ島のバッカニアの数はふくれあがり、カリブ海をわがもの顔にのし歩いて、スペイン船を襲い、港を焼いた。バッカニアの全盛期は、一六六〇年ごろからはじまる。ジャマイカのポート・ロイヤルとトルトゥーガ島がバッカニアたちの溜り場となり、バハマ諸島のニュー・プロヴィデンス島も有力な基地となった。

エスクェメリンの『アメリカのバッカニア』

謎の作家

カリブ海のバッカニアの生態と活動を知るには、エスクェメリンの『アメリカの海賊』を逸することはできない。

この本は一六七八年にアムステルダムでオランダ語版が出版され、翌年にはドイツ語版、さらにその二年後にスペイン語版が出た。最初の英語版は一六八四年にロンドンで出版され、これ以後『アメリカのバッカニア』という題名が定着した。フランス語版は一六八六年に二冊本で刊行された。著者エスクェメリンはフランス人だと称し、また自国の悪業は緩和して書くという、フランス人らしい狡《こう》

『アメリカのバッカニア』
国籍不明の作家エスクェメリンが1678年にアムステルダムで出した『アメリカの海賊』は、英語版で『アメリカのバッカニア』とされ、それ以後この題名が定着した。カリブ海のバッカニアに関する最良の書と言われる。

エスクェメリンの挿図
島に上がった海賊たちが、寛ぎ楽しむさまが描かれている。

猾《かつ》さを示している。しかし、エスクェメリンのほんとうの国籍は不明であり、フラマン人とも、オランダ人とも言われている。一六四五年ごろに生まれ、一七〇七年以後に死んだらしいが、一六六六年にフランスの西インド会社の雇員としてトルトゥーガ島に渡り、理髪師兼医者として一六七四年まで働いた。著者の正体はともかくとして、この書はカリブ海のバッカニアに関する最良の参考書である。

✸酒と女と賭博

『アメリカのバッカニア』は、ジャマイ

ポート・ロイヤル
ジャマイカのキングストン港入り口に立つ町で、ここでバッカニアたちは命の洗濯をした。1692年と1907年に地震のため壊滅している。

カのポート・ロイヤルについて次のように書いている。

ポート・ロイヤルは現ジャマイカの首都キングストン・タウンに面した湾の、細長い洲の突端につくられた町で、一六六一年ごろには五〇〇軒の家が建っていた。

ポート・ロイヤルには砦《とりで》があり、司令官や商人たちも住んでいたが、バッカニアを泊める安宿とか、酒場、淫売屋などもたくさんあり、私掠船が掠奪から帰ってくるたびに、荒くれ男たちの歓楽の巷《ちまた》となった。

バッカニアは、スペイン人に対しては容赦のない敵だったが、味方同士の間の仁義は固く守るのが彼らの慣習であった。掠奪品の分配は、負傷者を優先した。右腕を失った者は八レアル銀貨六〇〇枚ないしは奴隷六人、左腕または右脚を失った者は五〇〇枚ないしは奴隷五人、左脚を失った者は四〇〇枚ないしは奴隷四人、片眼を失明した者と指一本を失った者は一〇〇枚か奴隷ひとり、となっていた。残りが傷を負わなかった者全員に分配されたが、船長はふつうの船員の五倍ないし六倍の分け前を取った。

掠奪した戦利品は、運がよければひじ

市民からの掠奪
バッカニアたちは、占領した港町の責任者を拷問して、隠匿した宝のありかを自白させようとした。ハワード・パイル画。

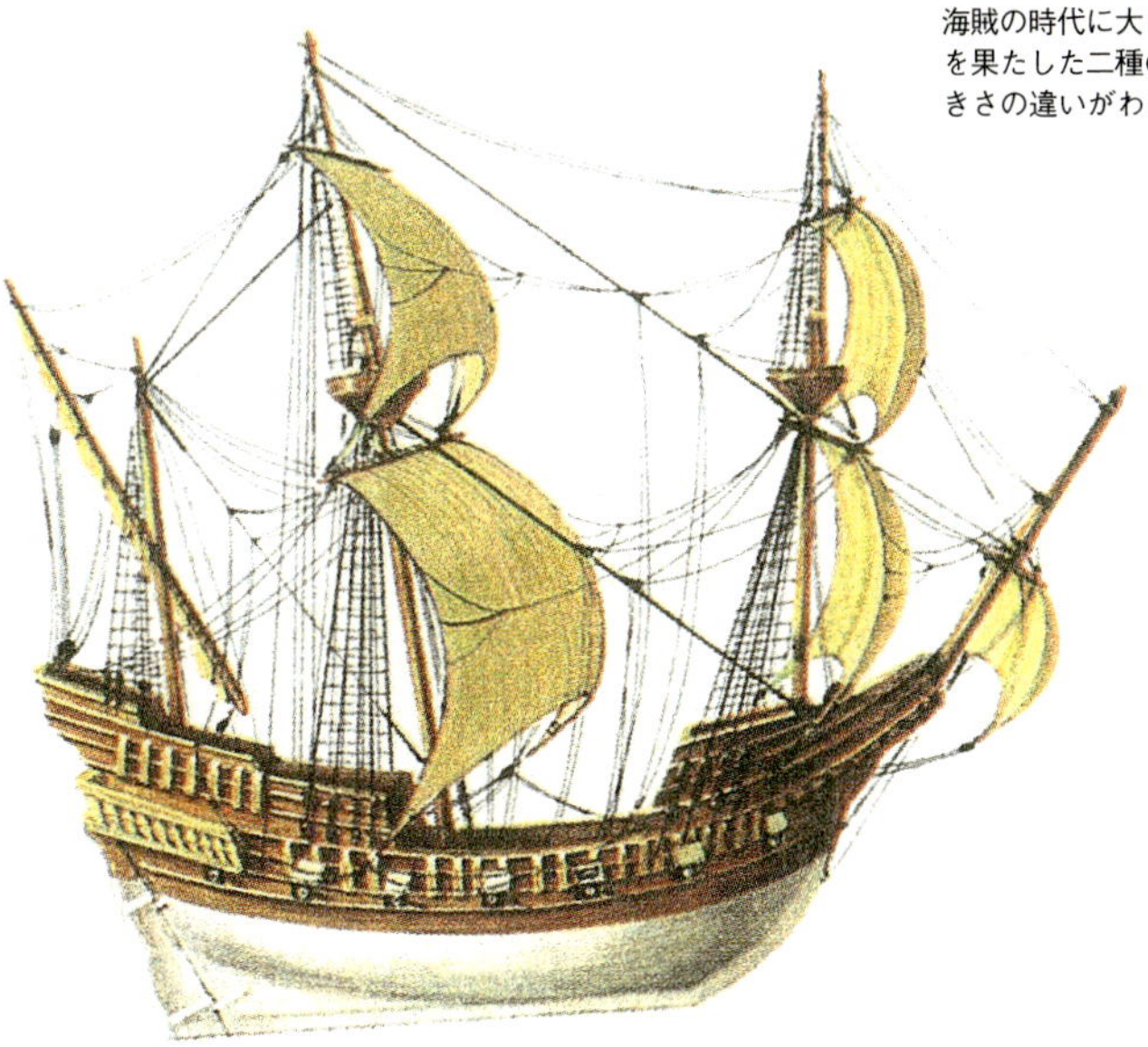

フリゲイト
小型で高速の軍艦。海賊船に多く用いられた。図は初期のフリゲイトで、ずんぐりした船体と後部船楼位置が高いことが特徴である。（上下2点『船の歴史事典』原書房より）

ガレーとガレオン
海賊の時代に大きな役割を果たした二種の船。大きさの違いがわかる。

ょうな額に達したが、一般にはそう大したことはなく、ひとり当たり三〇ポンドになれば上出来だった。

バッカニアたちは、分け前を酒と賭博と女に浪費した。ひとりで一夜に二、三〇〇〇枚の八レアル銀貨を使ってしまうことも稀でなかった。ポート・ロイヤルの酒場は、泥酔と乱闘が絶えず、女をめぐって刃傷《にんじょう》沙汰もめずらしくなかった。記録によれば、売春婦を公衆の面前で裸にならせて四〇〇〇レアル払った男がいたかと思えば、ブドウ酒の大樽をかかえて道行く人にいっしょに飲めと強要し、言うことをきかなければピストルの弾をブチこむぞ、とすごむ酔っ払いもいた、という。

ガレオン
16世紀半ばから18世紀に用いられた帆船。速度もあり海戦にも適しているため、ヨーロッパ各国は競ってガレオンをつくった。図は、海賊の攻撃目標になることが多かった18世紀スペインのガレオン。

獰猛残忍な悪魔

バッカニアの襲撃は獰猛《どうもう》残忍をきわめていた。トルトゥーガ島の虐殺後、彼らはスペイン人を悪魔のように憎んだ。彼らがスペイン領を襲うときには、女、子供も容赦しなかった。

バッカニアが近付いてくる、という警報がはいると、住民たちは貴重品を持って城塞の中とか、内陸の奥深くに逃げこむ。バッカニアたちは上陸するや、しつこく住民たちを追跡し、追いつくと、男・女・子供の区別なく拷問し、財宝のありかを聞き出そうとした。そのやり方は残虐そのもので、火であぶったり、手足に綱を結んで四方に引っ張ったり、手足の指を縛って吊したりした。

ひとたび宝が手に入ったり、敵の砦が陥落すると、バッカニアたちは酒を浴びるほど飲んで乱痴気騒ぎをおっぱじめた。捕虜の女たちは強姦され、男たちは絞首

女たちに言い寄るバッカニア
1872年に海賊に襲われた、モーニング・スター号の女性客を捕らえる海賊たち。女性たちは多くの場合、暴行や強姦というひどい虐待を受けた。

酒と女に溺れるバッカニア
フランス人画家、P．クリスチアンが描いたヘンリ・モーガン。

刑にされた。海で敵船を襲うときにも、同じような残忍さが発揮された。バッカニアの使った船は、一般に二〇ないし五〇トンの船脚の速いフリゲート船だった。快速で目標に迫り、互いの距離が二〇〇メートル以内になれば、図体の大きい船の大砲は役に立たないから、そこで相手の船の舷側に迫り、ピストルや剣をもって切りこみを敢行する。バッカニアは、スペイン人に対する憎悪心に燃えて捨身で戦ったから、敗北することはめったになかった。彼らは、カリブ海のスペイン人の恐怖の的であった。

バッカニアたちのこうした残忍性が、一八世紀のいわゆる海賊に受け継がれていったのである。

亀の捕獲　海の上で暮らす海賊たちにとって、亀は重要な食料となった。

大海賊ロロノア

マラカイボの大掠奪

エスクェメリンは、その書『アメリカのバッカニア』の第二部で、英仏の大海賊をひとりずつ挙げて、詳しく説明している。フランソワ・ロロノアとヘンリ・モーガンである。

ロロノアは一六三〇年、フランスの西海岸ラ・ロシェルの北にあるレ・サブル・ドロンヌに生まれ、若いころカリブ海に渡って、つらい年季奉公をつとめた。やがて自由の身になると海賊の仲間に身を投じ、その勇敢さによって、トルトゥーガ島のフランス総督ド・ラ・プラスに目をつけられた。総督といっても海賊の親玉である。彼から一隻の船を与えられたロロノアは数度の遠征に成功し、スペイン人たちに対する残忍さによって有名になった。

彼の掠奪行のなかでももっとも有名なのは、マラカイボの襲撃であった。マラカイボはベネスエラの東部にある大きな湾であり、カカオ、砂糖や牛肉の産地として豊かな富を蓄えていた。マラカイボ湖は海峡によってベネスエラ湾と通じていたから、侵入は可能だった。この海峡の東岸にマラカイボ港があった。そこには、カラカスのスペイン総督が派遣した行政官が在住し、立派な教会と四つの修道院と病院があった。人口は三、四〇〇〇人で、そのうち八〇〇人はスペイン人だった。マラカイボ湖の奥には、人口約一五〇〇のヒブラルタルという大きな町があり、さらにその南の内陸にはメリダという町があった。ロロノアはこのすべての町を掠奪したのである。

一六六六年四月末、三六〇人の手下を八隻の船に分乗させたロロノアは、トルトゥーガ島を出帆した。途中二隻のスペイン船を捕獲したバッカニアたちは、翌月ベネスエラ湾に到着し、マラカイボ湖への海峡に設けられたスペインの砦を難なく攻略して、三〇キロメートル南のマラカイボ市に向かい上陸を開始した。だが、住民たちは皆内陸に逃亡していた。翌日、部下に命じて森の中を探索させ、女子供を含む二〇人の捕虜と、二万ペソの現金を確保した。ロロノアは数人の捕虜を拷問にかけて、スペイン人たちの財宝のありかを聞き出そうとしたが、彼らは口を割ろうとしなかったので、一二人の捕虜の首をはねた。

フランシス・ロロノア
本名ジャン・ダヴィニュー。1635－1667年。本文参照。

それから海賊の船団はヒブラルタルに行き、三八〇人のバッカニアが上陸して激戦の末に完全占領した。五〇〇人のスペイン兵が戦死し、一五〇人の捕虜と五〇〇人の奴隷が拘束された。ロロノアは森の中に逃げ込んだスペイン人たちと交渉し、二万ペソと牛五〇〇頭を支払うことを約束させた。この航海でバッカニアたちが手に入れた現金だけでも二六万ペソに達し、参加者はひとり平均一〇〇ペソを受け取ったほか、絹や麻布などの品物が分配された。

ひと月かかって戦利品の分配が終わると、バッカニアの船団は一一月六日、トルトゥーガ島に帰還した。ところがフランスからブドウ酒とブランデーを積んだ船が到着したばかりで、抜け目のない商人たちにたいへんな高値で売りつけられ、バッカニアたちはせっかく手にした金をたちまちにして使い果たしてしまった。

舌を切り取り、心臓を食いちぎる

ロロノアの最後の遠征はニカラグア行きだった。このときのロロノアは、それまでにもまして残忍性を発揮した。捕虜にはむごたらしい拷問が加えられ、宝のありかを自白しない者は、短剣で切り刻まれ、舌を切り取られた。そして、道案内以外の捕虜は全員が殺された。スペインの負傷者たちは容赦なく殺され、道を教えない者がいると、ただちに殺害された。あるときなどは、自白しない捕虜の胸を切り裂き、心臓を手づかみで取り出すと、「飢えたオオカミのように」歯で食いちぎったという。

しかし、ロロノア自身も同じような運

掠奪品の分配
バッカニアの宝の分配は、契約に従って公正におこなわれた。ハワード・パイル画。

マラカイボ湖
ベネスエラ北西にある南米最大の淡水湖。写真は、マラカイボ湖にかかる全長8678メートルのエル・ウルダネータ将軍橋。(ベネズエラ・ボリバル共和国大使館提供)

命に陥った。彼は現コロンビアのカルタヘナ地方で原住民に襲われて捕虜になり、生きたまま八つ裂きにされ、火にくべられてしまったという。

エスクェメリンは、この話を「辛うじてインディアンの目を逃れて脱出に成功したロロノアの仲間のひとり」から直接聞いたものだとしている。

　この時期の著名なフランス人のバッカニアとしては、メキシコのベラクルスやカンペチェを襲撃した貴族出身のド・グラモンや、ガスコーニュ出身でサント・ドミンゴ（ハイチ）島でスペイン人と戦ったモンバール、ノルマンディー出身のピエール・レグランなどがいる。とにかく、トルトゥーガ島を基地とするフランス人の私掠船の活動の激しさは止めがたい勢いとなり、それはサント・ドミンゴ島をめぐる領土戦争にまで発展した。オーストリア王位継承戦争を終結させたエクス・ラ・シャペルの和約（一六六八年）で、スペインはサント・ドミンゴをフランスのものと認めざるをえなかった。

ピエール・フランソワの掠奪
フランスの海賊のうちでも、ロロノアと並ぶ最も残虐なひとりだった。ベネスエラ沿岸で真珠を奪ったので知られている。

ロロノアの残虐行為
残忍な掠奪行為で知られたロロノアは、あらゆる拷問、殺害をおこなった。「ロロノアに会うくらいなら死んだほうがまし」とヨーロッパ諸国に恐れられたという。

ヘンリ・モーガンの生涯

最大のバッカニア

　一七世紀最大のバッカニアは、ヘンリ・モーガンであろう。一六三七年ごろ、ウエールズの首都カーディフ近くの生まれというが、一〇代前半で年季奉公人としてバルバドスに渡り、契約の完了後、ジャマイカに行って私掠船に乗り組んだという。この経歴はロロノアの場合と似ている。いつ私掠船の船長になったのかはよくわからないが、「ウインザー公の委任により」一六六三年にジャマイカを出て、一一カ月にわたってカリブ海を荒らし回った私掠船団の船長の名簿に、彼の名が出てくる。この報告書は、ジャマイカ総督モディファドが、一六六五年に作成した文書である。

船団は、ジャマイカからまず西航して、メキシコのカンペチェとタバスコを襲い、ユカタン半島のカトーチェ岬を回航し、さらに現ホンジュラスのトルヒリョ港を掠奪した。そしてモスキート海岸を南下し、現在コスタ・リカとニカラグアの国境を流れるサン・ファン川を二四〇キロメートルさかのぼって、ニカラグア湖に出た。これはカヌーによる旅であり、内陸にあるグラナダの町を襲うのが目的だった。それが成功すると、待たせていた船団でジャマイカに帰ったのである。

この延べ四〇〇〇海里の大遠征は、内陸のニカラグアに侵入して被害を与えたという点で意義が大きかった。

その後モーガンは、モディファド総督

ヘンリ・モーガン
1637ごろ－1688年。最大のバッカニアと言われた。

ポルトベロのモーガン
住民に宝の在処を尋問するモーガン。ハワード・パイル画。

からたびたび私掠免許状を下付されて、キューバやポルトベロを襲った。キューバではプエルト・プリンシペの攻略で八レアル銀貨五万枚を奪い、ポルトベロの占領のときは一〇万枚を手に入れた。

モーガンのやり方は、つねに敵の意表をつく奇襲戦法により、一見不可能なことを強引にやってのけるのを特色としていた。たとえばパナマ地峡のポルトベロは、ふたつの「難攻不落」の要塞を持ち、はじめモーガンの部下たちは、兵力が足りないとたじろいだが、彼は「少なければ少ないだけ団結は固くなるし、分け前も多くなるのだ」と主張し、深夜カヌーでそっと港内に入った。奇襲によって最初の砦を占領すると、それを爆破し、第二の砦に迫った。そのときモーガンは、弾丸よけのため、捕らえた修道士と修道女を前列に並ばせて砦に行進させたのだが、スペイン側の司令官は砦の死守を決

ヒブラルタル攻撃
モーガンはマラカイボ湾に深く侵入して、スペインのガレオン船マグダレナ号を沈没させた。

意して、部下に発砲を命じた。砲火は熾《し》烈《れつ》だったが、無法者たちは砦の中に躍りこんで虐殺をおこなった。

一六六九年、モーガンがベネスエラのマラカイボ湖に突入したとき、出口を三隻のスペインの戦艦に封鎖された。このときも、彼は爆薬を積んだ船に火を放ち、帆を張って敵船団の中に突っこませ、危うく窮地を脱した。

パナマ・ラ・ビエハ
パナマ・ラ・ビエハ（旧パノマ）は、1519年にスペイン総督ペドロ・アリアス・ダビラによってつくられた、スペイン人による初の太平洋沿岸都市。インカ帝国征服もここを拠点におこなわれた。1671年、ヘンリ・モーガンの襲撃を受けてほぼ壊滅。現在は遺蹟公園となっている。（パナマ共和国大使館提供）

✸ パナマ攻略

モーガンの最大の遠征行は、一六七一年一月のパナマ市攻略である。

まず彼は、一六七〇年一二月に、かつてイギリス人の植民地だったホンジュラス沖のプロヴィデンス島のスペイン人守備隊を降伏させ、そこから四〇〇人の兵をパナマ地峡に送って、チャグレス河口の砦を攻略させた。砦の三〇〇名の守備兵のうちで生き残ったのは、わずか三〇名だったという。

急報が大西洋岸のパナマ市へ飛んで、アウディエンシア議長ペレス・デ・グスマンは、二〇〇の騎兵と二〇〇〇の歩兵を集め、市の外に防衛陣をしいた。モーガンは一五〇〇名ほどの兵をひきつれ、チャグレス川をさかのぼり、苦労して九日目にパナマ市の教会の鐘楼が見える地点までたどり着いた。

グスマンの戦法は奇抜だった。二〇〇〇頭の牛を用意して、バッカニアめがけ

パナマ掠奪
ハワード・パイル画による、モーガンのパナマ襲撃。

パナマのスペイン軍と戦うモーガン
3週間にわたるモーガンらの滞在によって、美しいパナマ市は廃墟と化した。

て暴走させたのである。しかし、ほとんど効果はなかった。発砲したバッカニアたちに驚いた牛が逆向きになって暴走しはじめたので、かえってスペイン人のほうが被害を受けた。バッカニアの総攻撃が始まったとき、町に火の手が上がった。エスクェメリンは、モーガンが別動隊に放火させたのだと書いているが、グスマンのスペイン国王宛て報告書では、市民たちが自発的に火を放ったとしている。

焼けただれたパナマ市にバッカニアたちが突入したとき、いくら探しても大した宝は見つからなかった。モーガンの秘書ジョン・ピークによれば、収穫は総額三万ポンドにすぎなかったという。市民たちは貴重品を持ってとっくに逃げだしていた。またペルーから輸送されてきた銀はガレオン船に乗せ、修道女たちとともに海上に避難させてあった。

怒り狂ったバッカニアたちは、手あたりしだいに破壊を始めた。その結果ふたつの教会と七つの修道院とひとつの女子修道院があり、二〇〇〇軒あまりの富裕な市民たちの邸が並んでいる美しいパナマ市は、完全に廃墟と化してしまった。

その後、同市は放棄されて新しいパナマ市がその西に建設され、もとの町は旧パナマ（パナマ・ラ・ビエハ）として遺蹟公園になっている。

モーガンらは三週間パナマ市に滞在した。彼が美しいパナマ娘と恋に落ちたからという説もあるが、ほんとうは隠された財宝を探していたのだろう。彼は「宝を見つけた者には一〇ポンドの賞金を与える」と布告していた。

去りゆくバッカニア

ジャマイカ副総督モーガン

モーガンの船隊がジャマイカに帰ったとき、すでに前年（一六七〇年）イギリスとスペインの間にマドリード条約が結ばれ、両国は互いに攻撃と掠奪をひかえ、バッカニアに与えた私掠免許状は撤回すること、それに違反する者は処罰すること、などが取り決められていた。条約発効まで一年間の猶予が与えられていたものの、パナマの破壊はあまりにも大きな事件であった。

チャールズ二世は困惑してジャマイカ総督モディファドの召還を命令し、帰国した彼は、スペイン側のほとぼりがさめ

スペイン船を襲うバッカニア
フランスとオランダの連合船隊がカリブ海のスペインの港を襲っている光景。

オランダ船を襲うフランス船
フランスの海賊は、サン・マロ、ダンケルク、ラ・ロシェル、ナントなどをつなぐ頻繁な交通路に出没し、イギリス、オランダの商船を襲った。

カトラス
17世紀のバッカニアが使った刀。元は獣の肉を切るための大型ナイフだった。
（イギリス・国立海事博物館所蔵）

ラッパ銃
バッカニアが好んで用いた種類の銃で、榴弾を使ったので殺傷力が強かった。

るまでロンドン塔に幽閉された。モーガンも召還された。だが、逮捕はまぬがれ、逆に英雄に祭りあげられた。一六七四年九月、国王は彼をナイトに叙し、ジャマイカ副総督に任命したのである。

翌一六七五年はじめ、モーガンはイギリスを発ち、現地に赴任して総督ヴォーン卿を助けることになった。

モーガンのジャマイカ副総督任命は、王室にしてみると、バッカニア封じ込めのための対策だった。チャールズ国王は、バッカニア中の最有力者を味方につけて、

カルタヘナ攻撃
1697年4月、カルタヘナを掠奪するフランスのバッカニア。

ロビンソン・クルーソー
ダニエル・デフォー作『ロビンソン・クルーソーの生涯と冒険』の主人公。スコットランドの航海長アレグザンダー・セルカークがモデルとされた。

私掠船の活動を取り締まろうとしたのである。マドリード条約では、イギリスのジャマイカ領有権をスペイン側に承認させていたから、見返りとしてバッカニアの取締りが厳格に守られねばならなかった。

モディファドの代わりにジャマイカ総督として派遣されたトマス・リンチは、一六七二年に、フランスの私掠船はまだ活動しているけれども、イギリスの私掠船や海賊船は西インド海域には一隻もいないと報告している。しかし事実はそうではなかった。

バッカニアたちのうちのある者は、ジャマイカの植民者となった。ある者はメキシコのユカタン半島のカンペチェというスペイン人のいない地方に行って、染料を採るログウッドの伐採に従事した。しかし、かなりの数の者はトルトゥーガ島に行き、海賊行為を続けていたのである。

そしてまた、スペイン側もマドリード条約を忠実に守らず、私掠船の免許状を出しつづけていた。もっとも、彼らにもそれなりの理屈があった。一七世紀後半においてもスペイン王室は、依然として他国民がインディアス（アメリカ大陸）に渡航することは犯罪であると考えつづけていた。スペイン側は、イギリス人にジャマイカ居住の権利は承認したものの、領有を認めたわけではなかった。彼らにしてみると、カンペチェのログウッド伐採も、スペインの国有財産の横領であった。

モーガンは、王の官吏として、かつての稼業の仲間の取締りに精を出した。それなのに、一六八二年に彼は副総督を解任された。その後彼は、ジャマイカの大農園主としてなにひとつ不足のない生活を送ったが、人生の目標を失い、大酒を飲んで憂さを晴らしながら、しだいに衰えていった。彼が死んだのは一六八八年、まだ五〇代はじめの若さだった。

不要となる私掠船

モーガンとともに、バッカニアの時代は終わったと言ってよい。スペイン王位継承戦争（一七〇一―一三年）の期間、フランスとスペインは同盟を結んだから、フランスの私掠船は禁じられたわけだが、イギリスのバッカニアにとっては、私掠免許状のもとに掠奪できる好都合な時代であった。しかしユトレヒト条約が一七一三年に結ばれると、バッカニアの生活を続けたい者は、海賊となるほかなかった。

　海賊たちが新しい巣としてえらんだのは、バハマ諸島のニュー・プロヴィデンス島だった。そこを基地に、彼らは、スペイン、ポルトガル、フランス、オランダの船はもとより、ジャマイカやニュー・イングランドから来る自国船を襲い、キャロライナの海岸地方を掠奪した。

　イギリス国王ジョージ一世は海賊たちに対して、悪業を棄て帰順する者は罪を問わない、という布告を一七一七年九月五日付で出し、有名な航海者ウッズ・ロジャーズ船長をニュー・プロヴィデンス

ウッズ・ロジャーズ
1709年、グアヤキルに上陸して、宝の在処を尋ねるロジャーズ。彼はこの世界周航で、80万ポンドの収穫を得た。

プエルト・リコ
サント・ドミンゴに次ぐ戦略的意味を持つ島であり、サン・ファンに大きな城塞が作られた。しかしこの砦は、18世紀なかばになると、スペインの海賊の根拠地となった。

に送りこんだ。
ウッズ・ロジャーズは、スペイン王位継承戦争の期間に私掠船船長として大いに活躍し、世界一周航海をおこなった。彼はグアヤキル（エクアドル）を占領したり、マニラからのガレオン船を襲ったりした。だが今日彼の名が記憶されているのは、手記『世界周航』の中で、太平洋のファン・フェルナンデス諸島にとり残

ピーゴの戦い
スペイン王位継承戦争の初期に、スペイン西北岸ピーゴでおこなわれた英蘭船隊と西仏船隊の海戦。イギリス人とオランダ人は、新世界から輸送されてきた銀が目当てだった。

されたアレグザンダー・セルカークを救出した次第を述べ、これがデフォーにとって『ロビンソン・クルーソー』執筆のひとつのヒントとなったと見なされていることによる。

ロジャーズは、海賊鎮圧のためにニュー・プロヴィデンスに送りこまれたのだが、令名高いバッカニアだったので、上陸地には海賊たちが列をつくり、小銃を発射して歓迎の意を表したという。ロジャーズは海賊たちを集めて、以後は平和な貿易に従事するように勧告し、メキシコ湾のスペイン人と交易をはじめさせた。しかし、平和な生活は退屈だと言ってニュー・プロヴィデンスを抜け出し、海賊生活を続け、結局は絞首刑となった者もたくさんいた。

活動の場を太平洋に移した海賊たちもかなりいる。コクスン、ソーキンズ、シャープ、クック、デイヴィスなどは、いずれも南アメリカや中米の沿岸で海賊行為をおこない、スペインの官憲を手こずらせた。

一六世紀以来、二世紀近くにわたって海外に領土を持たない小国イギリスが、強敵スペインと渡り合うために利用してきたのが、合法的であり同時に非合法的でもある、私掠船による掠奪であった。宣戦布告なしに、一応外交関係は維持しながら、エリザベス一世はスペインの経済力を、私掠船の活動によって弱体化し、自国の資本蓄積に努めることができた。

一七世紀になると、免許状による私掠活動は、戦時における海上攻撃力の充実のために大いに利用された。敵に対する攻撃だけでなく、プロヴィデンス島やジャマイカ島など、新しくイギリスがカリブ海に獲得した植民地の防衛力ともなった。

しかし、イギリスとフランスがカリブ海に植民地や基地を確保して、国力が衰退しつつあったスペインの領域を十分に脅かすことが可能になった一七世紀末になると、もはや私掠船という非常手段は不必要となり、邪魔とすら感ぜられてきたのである。

船からの脱出
炎上した船から脱出するバッカニアたち。ハワード・パイル画。

column

スタインベックの『黄金の盃』

スペイン女性を掠奪するモーガン

アメリカのノーベル賞作家であり、名作『怒りの葡萄』で有名なジョン・スタインベック（一九〇二―六八年）の処女作は、ヘンリ・モーガンを主人公にした『黄金の盃』（一九二九年）である。

モーガンは一六三五年ごろ、ウェールズの南グラモーガン地方のランリムニーに生まれたというが、その幼年についてはほとんど何もわかっていない。したがって、この小説の最初の部分は純然たる創作である。

モーガンは土地の小ジェントリー（紳士階級）の農家に生まれたが、「インディーズ」すなわちアメリカ大陸での冒険的な生活を熱望して、両親の意向に反し、またエリザベスというほのかな愛情の対象がいたにもかかわらず、五ポンドの金を懐にして旅立った。だがカーディフの港でその金をだまし取られて、西インド諸島バルバドス島の大農園で五年間の年季奉公をすることを約束させられるところから、話は始まる。

この部分はすべて創作であり、いくらか甘いところもあるが、とにかく滑り出しとしては順調である。ところが農園主のジェイムズ・フラワーという独身男は、ヘンリに対して気味が悪いほどやさしく、四年が経過したとき、彼を自由にしたうえ、財産を半分与えようと申し出る。ヘンリは躊躇なくこの申し出を受け入れ、受け取った金で船を購入してバッカニア業を始める。

ここまでくると話は急に現実味を帯び、ロロノア、バルトロメオ・ポルトゲス、エドワルド・マンスヴェルドのような実在した海賊の名も出てくる。そして、モーガンの海賊としての行動が、こと細かに語られる。

column

ところが話のクライマックスである有名なパナマ攻略の段に及ぶと、急におとぎ話的な要素が入り込んでくる。当時、ペルーとの中継点にあったパナマ市は、中米随一の富み栄える都であり、「黄金の盃」と呼ばれており、その聖域に「赤い聖女」と呼ばれる絶世の美女がいるという噂が流れていた。掠奪のためにひたすらパナマを狙っていたモーガンも、この伝説的な女性にしだいに取り憑かれ、それが彼の目標になってしまう。

　数千の荒くれ男たちを率いて酷暑のジャングルを突破し、防備を固めるスペイン軍を敗走させて、パナマ総督の邸に乱入したモーガンは、ただちに赤い聖女を発見するが、彼女が既婚の女性であり、美しくはあるが、鋭く、「ほとんど鷹のような」感じの女で、しかも辛辣《しんらつ》にモーガンの心理を暴きたてて、彼を圧倒してしまう。

　やがて逃亡した彼女の夫から使いが来て、七万五〇〇〇ペソの身代金を払うから妻を渡してもらいたい、と申し入れがある。女に失望し、また身代金の額に惹かれて、モーガンはこれを承諾する。そして、夫がそんなにも彼女を愛しているのかと感じ入る。しかし、すぐあとになって、女の祖父がペルーの銀山王であり、彼女が莫大な財産の相続人であることを知って、彼は欺かれたような気持ちになる。

　モーガンはパナマ地峡を去るにあたって、一〇〇〇人以上のバッカニアや逃亡奴隷たちをだまして置き去りにした。これは実際にあった事件なのだが、理想を裏切られたモーガンが腹いせにやったことのように仕立ててあげられているところが、小説家の構成の巧みさかもしれない。

第6章

黄昏のカリブ海

海賊時代の終焉

あるバッカニア
ハワード・パイル画。原題は『海賊は絵になる男』。バッカニア時代が終わり、人々が海賊の恐怖を忘れたころ、そのロマンチックな面が強調され、海賊はさまざまな絵や小説、芝居などのテーマとなった。

海賊船の追撃
イギリス海峡で海賊船（左）を追撃するイギリスの軍艦。海賊船は、ジョリー・ロジャーの旗をかかげている。

キャプテン・キッド
海賊取締りのために、インド洋に派遣されたはずのキッドは、逆に海賊行為に走ったので本国に召喚され、裁判を受けた。ハワード・パイル画。

追われる海賊たち

海賊取締法

自国を含めてあらゆる国の船舶に襲いかかり、掠奪をおこなう真の意味での海賊が生まれたのは、新しく海賊取締法が定められた一七二一年以後と言ってよかろう。海賊取締条令がイングランド議会を通過したのは一六世紀前半だったが、これが改訂・強化されたのは一六九九年、ウィリアム三世のときであった。それが一八世紀に入ってさらに改訂されたのは、「すでに法令があるにもかかわらず……海上で海賊行為を犯す人間の数が最近とみに増加した」からである。それから数年間に、多数の海賊がイギリス海軍に逮

ジョリー・ロジャー
黒字に白の頭骸と交差した骨を描いた、いわゆるジョリー・ロジャーは18世紀はじめからカリブ海で使われ、またたくまに世界中に広がった。

捕され、絞首刑に処せられた。

　海賊掃討のためにもっとも効果的な武器となったのは、アメリカ、西インド諸島などに置かれた海事裁判所だった。この裁判所は海軍本部に所属し、海賊を捕らえて裁判にかけたうえで、絞首刑に処

海賊の処刑
海賊の処刑はテムズ河畔のワッピングでおこなわれるのが普通だった。

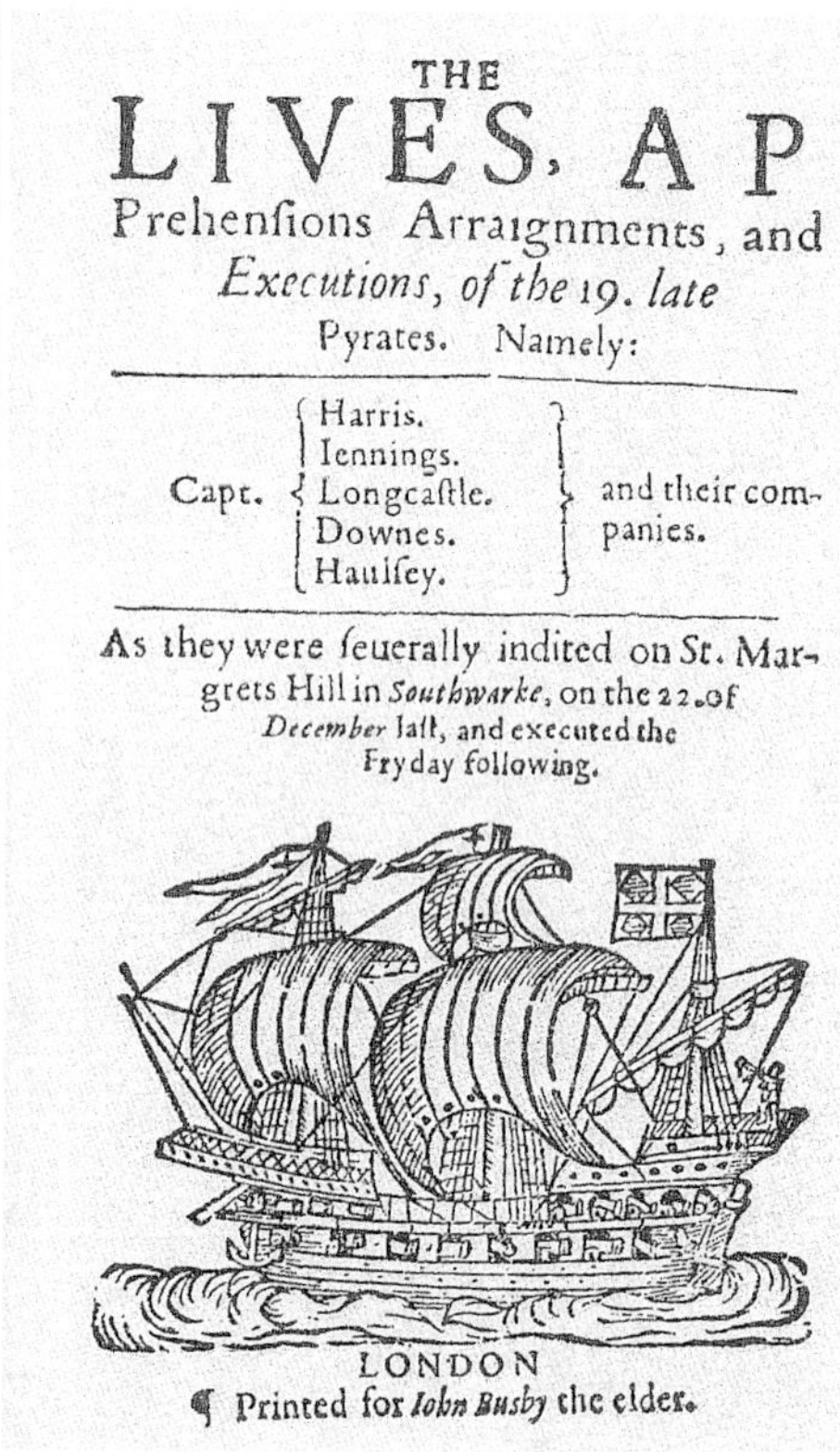

THE
LIVES, AP
Prehensions Arraignments, and
Executions, of the 19. *late*
Pyrates. Namely:

Capt. { Harris. Iennings. Longcastle. Downes. Haulsey. } and their companies.

As they were seuerally indited on St. Margrets Hill in *Southwarke*, on the 22. of *December* last, and executed the Fryday following.

LONDON
¶ Printed for *Iohn Busby* the elder.

処刑告知
19人の海賊の逮捕と処刑を告知したチラシ。処刑は多くの場合公開され、死体は見せしめとしてさらし者にされた。

処刑された海賊の首
処刑された海賊の死体は多くの場合見せしめのため公衆の面前にさらされた。

する権限を与えられていた。多くの海賊たちは捕らえられ、裁判に付された。

海賊たちは、大概の場合、絞首刑の判決を受けた。一八世紀の前半、西インド諸島と北アメリカには、他地域を抜きん出る数の海賊がいた。どの時期をとってみても、最低一〇〇〇人ないし二〇〇〇人の海賊がいたと推定され、全体として約五五〇〇人ほどの男たちが、ジョリー・ロジャーと呼ばれる、黒地に骸骨を描いた海賊旗のもとに航海していたと考えられる。

次々と絞首刑に

一七二二年三月二八日、西アフリカのベニン湾を見下ろすコースト岬砦ではじまった海賊の裁判は三週間以上続いたが、五二人が絞首刑に処せられたうえ、二〇

ギベット
処刑された海賊の死体は、このギベットと呼ばれる金具の枠に入れられて吊された。死体が枠に入るかどうか、処刑前に寸法をはかった。（イギリス・国立海事博物館所蔵）

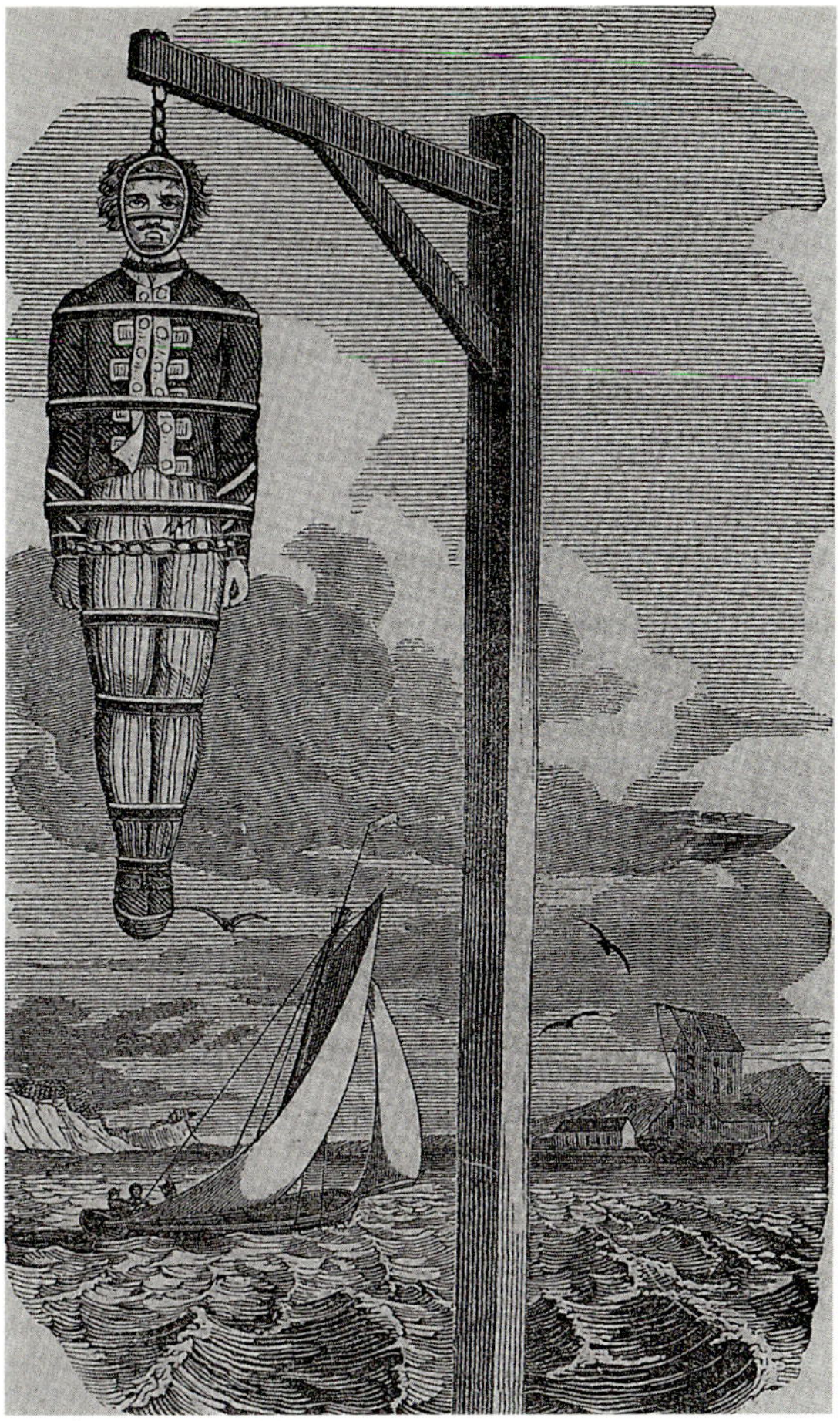

キャプテン・キッドの処刑
ロンドンの海賊処刑場はワッピングにあったが、処刑された海賊の死体は、グリニッジ、ウリッジなど、川岸に沿った高い場所に吊された。

人がコースト岬の鉱山で七年間服役の判決を受け、一七人がロンドンのマーシャルシー監獄に収監と決まった。同じ年の五月、ジャマイカでは捕まった五七人の海賊が裁判にかけられ、そのうち四一人がポート・ロイヤル港のわきにあるギャロウズ岬で吊された。一〇月には五人のスペイン人海賊が、バハマ諸島のナッソーで縛り首になった。翌年、二六人の海賊が王立海軍に捕らわれて、ロード・アイランドのニューポートで絞首刑になり、またアンティグア島では五人が海賊を働いたかどで絞首刑となった。

一七一六年から二六年の一〇年間に、六〇〇名のイギリスとアメリカの海賊たちが処刑されたと推定されている。著名な海賊の遺体は防腐剤にタールを塗り、鉄の輪と鎖で作った籠に入れられて吊された。ロンドンの海賊処刑場は処刑波止場と呼ばれ、テムズ川北岸のワッピングにあった。そして、デッドファッド、グリニッジ、ウリッジの川岸に沿った高い場所で、キャプテン・キッドのような著名な海賊は、ロンドン港を利用するすべての船乗りたちから見えるように、さらし者として吊されたのだった。

こうした恐ろしい運命が待っているにもかかわらず、なぜ船乗りたちは海賊になったのであろうか。一八世紀のある神

宝隠し
奪った宝を部下に埋めさせるキャプテン・キッド。ハワード・パイル画。

キャプテン・キッドの裁判
キッドは1701年3月、議会の聴聞会に召喚され、自らの海賊行為を否定したが、結局死刑の判決を受けた。

父が書いている。

「ふつう海賊は、（私掠船の）免許状をもらった戦時において、自由な生活に慣れきってしまった人々である、平和が戻ってきたときに正業につく決心がつかず、そのままずるずると放浪生活を続ける者たちである」

一般的に言って、彼らは好きで海賊になったわけではない。彼らにとっては私掠船のほうがほんとうは良かったのだが、戦争が終わると私掠は禁じられ、しかも私掠船員たちの多くは別の仕事につく機会がほとんどなかった。海賊になれば、あっと言う間に金がたまり、軍艦や商船の厳しい規律から逃れて自由な生活をすることができる。この「自由」なるものが、海賊たちにとって最大の魅力だったのかもしれない。

「正義の分配」

海賊たちの大多数は、捕獲された船の船員から引っ張られた者たちだったが、なかには反乱を起こした者や脱走者もいた。海軍から除隊した水兵で海賊になった者もある。

一八世紀の船員たちの生活は、苦しみの連続であった。多くの船員たちは職業的な悪者によって拉致された人々であり、王立海軍を名乗る艦船の乗務員の募集も例外ではなかった。海軍の場合、艦長や士官は貴族やジェントルマン階級の者に限定され、陸上の階級制度がそのまま適用されて、海員たちは極端に差別された。

　食事はひどく、賃金はわずかだった。だが罰則は厳しく、体罰は容赦なくおこなわれた。したがって下級船員の場合、そうした惨めな境遇から抜け出したいという潜在意識はつねにあっただろう。一般船舶における船長たちの残虐さも、信じがたいほど酷《むご》いものだった。イギリス海軍本部の海事裁判所の記録には、こうした残忍な船長たちの事例がたくさん出てくる。鉄拳・ロープ・杖・鞭などで打たれるのは日常茶飯事であり、目をくりぬかれる者や、海に突き落とされて溺死する者、鞭打たれて殺される者もいた。

　海賊の生活は、もっと自由で民主的だった。多くの場合、船長は公に選ばれ、暴力的で気紛れな権力行使は許されず、海賊船における最高の権威は船員たちのなかから選ばれる委員会であった。海賊たちの多くは、一般の商船や海軍の艦船での船長や上官の被害者だったから、「正義の分配」と称するものを実行する慣習があった。すなわち海賊は、獲物を捕まえると、その船長を引きずり出し、乗組員たちに船長から受けた残虐な扱いについて細かく聞きただした。乗組員たちから苦情を訴えられた船長は、裸にされて鞭打たれるか、頭に一発弾丸をくらわされるなど、告発の内容に応じて処罰された。これが「正義の分配」と呼ばれる行為である。

　一般に海賊たちは、船を捕獲したとき、船長、士官、高位の役人たちに対して厳しかったが、一般船員に対してはきわめて親切であり、彼らの希望する場所に上陸させるのが原則であった。捕獲された船の乗組員たちは、海賊団に入れと勧告されるが、これに応じた者は少なくない。圧力をかける必要はほとんどなかった。

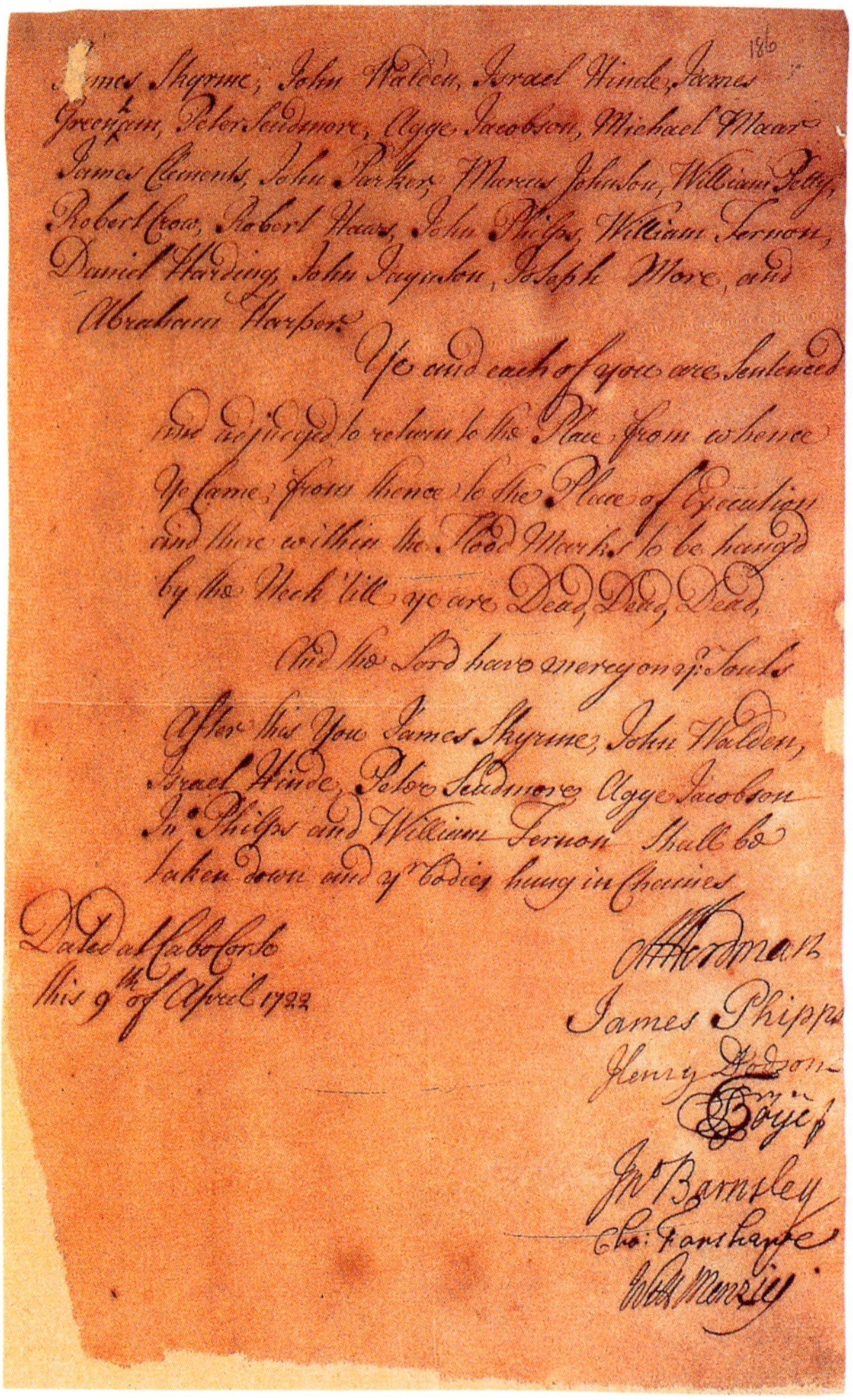
James Skyrme, John Walden, Israel Hynde, James Greenham, Peter Scudamore, Agge Jacobson, Michael Maer, James Clements, John Parker, Marcus Johnson, William Petty, Robert Crow, Robert Haws, John Philps, William Fernon, Daniel Harding, John Jaynson, Joseph More, and Abraham Harper:

Ye and each of you are sentenced and adjudged to return to the Place from whence Ye came, from thence to the Place of Execution and there within the Flood Marks to be hanged by the Neck till ye are Dead, Dead, Dead.

And the Lord have mercy on yr Souls.

After this You James Skyrme, John Walden, Israel Hynde, Peter Scudamore, Agge Jacobson, Jn Philps and William Fernon shall be taken down and yr bodies hung in Chaines.

Dated at Cabo Corso this 9th of April 1722

James Phipps
Henry Dodson
Jn Barnsley
Cho: Fanshawe

海賊の死刑判決文
1722年、コースト岬で死刑判決を受けた54人の海賊のひとりの判決文。

ただ船大工・医者・航海士など、技能を持った人々は強制されることもある。その場合、参加を決心した者は、捕まって裁判にかけられたときの予防措置として、用心深く、強制加入の証明書を要求することがしばしばあったという。

強引な船員募集
18、19世紀の船員の補充は、誘拐によって実行されたと言っていい。港町で拘束して有無を言わさず船に乗せたのである。

海賊に捕われた船長への拷問
海賊が船を捕らえたとき、船長や高級船員たちは厳しく尋問され、部下に対してひどい扱いをしている場合には、鞭打ちその他の刑に処せられる。

「おれは自由な王様さ」

海賊の社会

海賊という集団は犯罪者の集まりであり、残忍で粗暴で血を好む凶悪さがあった。しかしその反面、海賊の社会は自由人の集まりであって、原則的には規制や抑圧ではなく、契約によって結ばれるという近代的な側面もあった。

彼らが嫌いなのは、一般船舶の船長であり、士官であり、貴族や大金持ちたちだった。「雄弁家」とあだ名されたサミュエル・ベラミー船長は、バハマ諸島のニュー・プロヴィデンス島を基地に北アメリカ東海岸を荒らし回った海賊だが、無政府主義者であり、一七一七年にボストン船籍の商船を拿捕したとき、その船長ビーアに向かってこう言ったという。
「貴様は汚ならしいイヌだよ。金持ちたちが、自分たちの安全のためにこしらえた法律の前に這いつくばって、掠《かす》めたものを守ろうとするイヌみてえな奴らだ。

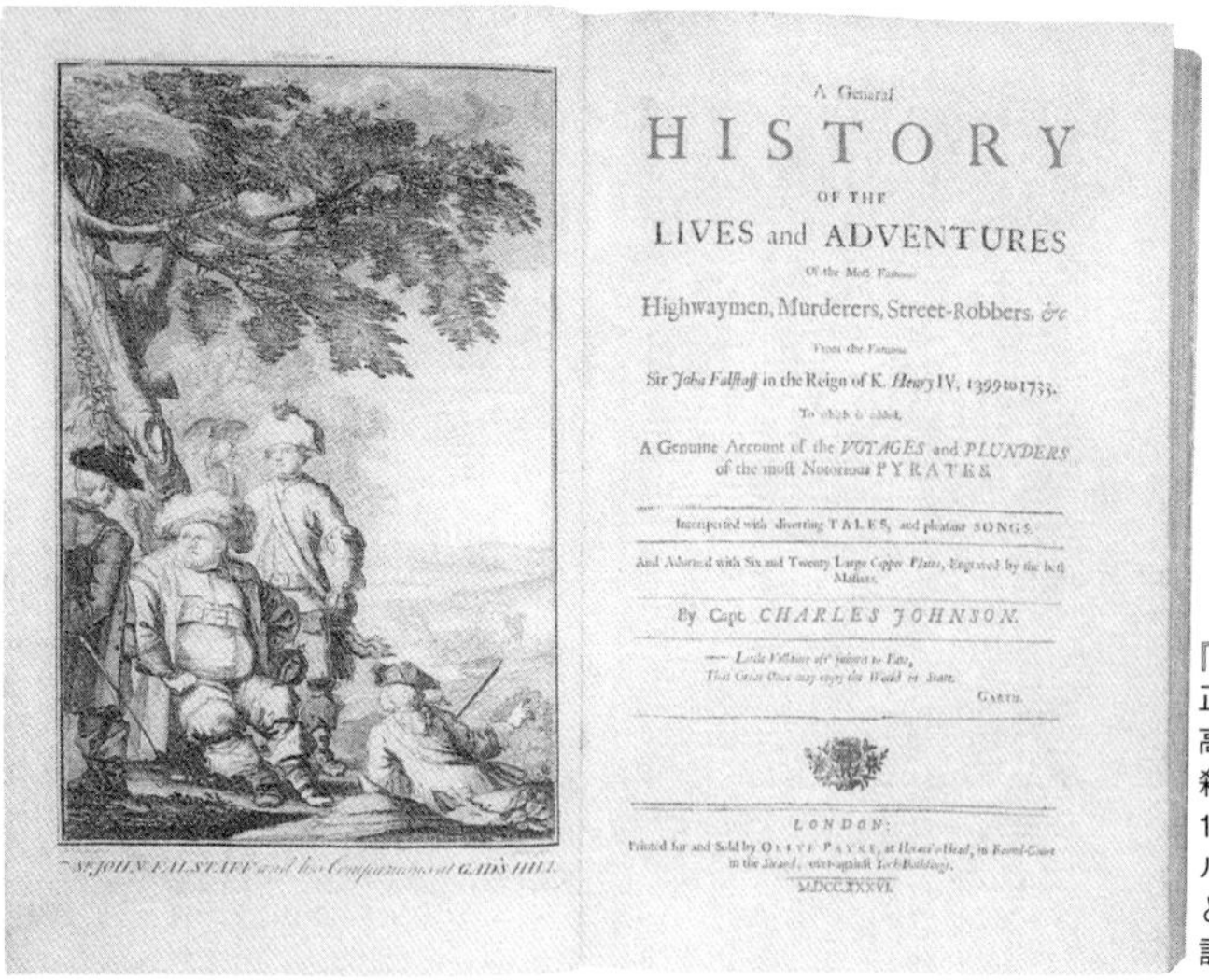

『海賊史』
正式書名は『悪名高い海賊の掠奪と殺人の歴史』。1724年にチャールズ・ジョンソンという著者により記された。

そんな奴らにゃヘドが出る。腰抜けで頭のたりねえ悪党どもめ。金持ちたちは、おれたちを悪者呼ばわりしやがるがな、奴らは法に守られて貧乏人からふんだくりやがるんだ。それに比べておれたちゃな、度胸一本で奴らから奪い取るんだぜ。おれは自由な王様さ」

　これは、チャールズ・ジョンソンの『海賊史』からの引用である。ちなみにこの本は、一七二四年にロンドンで発行されたが、「一七一七年から二四年」まで、すなわち、ほんとうの意味での海賊の最盛期中に活躍した船長たちの列伝であり、すでに紹介したエスクェメリンの『アメリカのバッカニア』とともに、海賊について知るためには欠かせない書である。なおジョンソンは、ダニエル・デフォーのペンネームだという説が有力である。

ジョージ・ラウザの契約書

　さて、海賊社会の諸相を見るため、またその活動の範囲を知るためには、ジョンソンの本から個々の海賊の行状をたどることが最良の方法だと思う。

　ジョージ・ラウザ船長の物語は、人がどういう状況下に海賊になるかについて、またそのとき、どういう契約がお互いの間で結ばれるかを示してくれる。彼ははじめ、王立アフリカ会社の船ガンビア・キャッスル号に二等航海士として乗り組んだ。しかし、西アフリカに着いてから船長と争い、護衛のために同行していたジョン・マッセイ大尉およびその部下たちと共謀して、土地の砦の総督に対して反乱を起こすことにした。

　西アフリカは、マラリアや黄熱病、赤痢などが蔓延する不健康地であるにもかかわらず、会社側の食料の供給は悪く、衛生施設などなきに等しかったからである。したがってガンビア・キャッスル号の船員たちも、マッセイ大尉たちも、一刻も早くその地から逃げ出したいと思っていた。そこで、彼らは砦の大砲をまず取り外して船の錨《いかり》を上げ、ガンビア川から海に出た。

　ラウザは甲板に一同を集めて演説した。イギリスに帰ろうとするなど、考えられるかぎりもっとも愚かなことだ。自分たちがしたことは、法の観点からすれば極悪罪となるだろうから、縛《しば》り首以外の運命は考えられない。したがって、われわれは海上で運命を求めるべきである――。これは海賊になろうという提言だった。

　このことばは歓呼をもって迎えられ、興奮状態が船中に広がった。船員たちは

橋渡りの刑
海賊が捕虜に宝の在処を言わせるためにしばしば行った刑罰で、目隠ししたまま海に突き出た板の上を歩かされる。ハワード・パイル画。

海賊の黒旗を作り、船の名を改めてデリヴァリ号とした。そしてさっそく契約書が作成され、署名された。その契約の内容はジョンソンによって全文が伝えられている。

一　船長の分け前は一般船員の二倍、航海長は一・五倍、船医・航海士・砲手・水夫長は一・二五倍とする。

二　捕獲した私掠《プライヴァティア》船上で不法に武器を着服したり、みなで獲得した戦利品を私《わたくし》したり、互いに争ったり、だましたりするような罪を犯した者は、船長および大多数の者が適切と考える罰を受けるものとする。

三　緊急事態のとき、臆病の罪に問われた者は、船長および大多数の者が適切と考える罰を受けるものとする。

四　捕獲した船で金・宝石・銀および八レアル銀貨以上の戦利品が発見され、しかも二四時間以内にそれを発見者

「島の総督」の任命
規律に違反した船員は、わずかの糧食とともに「総督」として孤島に置き去りにされる。ハワード・パイル画。

が操舵手に引き渡さなかった場合、その者は船長および大多数の者が適当と考える罰を受けるものとする。

五　賭博をしたり、一シリング以上の価値の詐欺行為の罪を犯した者は、船長および大多数の者が適当と考える罰を受けるものとする。

六　交戦中、四肢の一部を失った者は、一五〇ポンドの額を支給され、適当と判断されるかぎり、仲間とともに止《とど》まってもよい。

七　除名を求められた場合には、寛大にそれを許すこと。

八　最初に砲を見つけた者は、その船で得られた最良のピストルまたは小火器を与えられるものとする。

以上の条項は、当時の海賊船または私掠船で一般におこなわれていた慣行に従っている。興味深いのは、ラウザが第二項で、自分の船を私掠船と呼んでいることである。第六項は、負傷者への扶助料の額が、私掠船より多いのが注目される。廃疾者に再雇用が約束されているのもユニークである。第七項は、海賊船の船員に対するものか、捕獲した船の乗船者に対するものか判然としないが、一般的に海賊たちは捕獲した船の者たちに対して

海賊の争い
海賊の間では宝の分配を巡ってしばしば決闘がおこなわれた。ハワード・パイル画。

は比較的寛容で、船は奪っても乗船者を希望の場所に送り届けたり、また希望にしたがって掠奪品の一部を返還してやったりしている。得てして海賊は捕虜に対して残忍な行為を働くように言われるが、海賊に関することは、すべて被害者、または公《おおやけ》の側で書かれているので、必要以上の表現の誇張も少なくないと思われる。

　第三・四・五項は厳しく実行されたが、罪の決定が「船長および大多数の者」の手に委ねられている点が、当時の一般艦船の場合とちがう。海軍の艦艇や商船では、船長が絶対の権力者だった。

　三・四項、すなわち逃亡や臆病、掠奪品の隠匿《いんとく》などに対しては、厳しい刑が科せられるのが普通だった。つまり、銃殺か島流しのどちらかが科せられた。このふたつのうちでは、銃殺のほうがまだましだった。

　島流し刑とは、不毛で人の住まない砂洲や岩礁、または小無人島に置き去りにし、海賊たちの表現を使って言えば、罪人を「島の総督」に任命して、餓死させることだった。ピストルと火薬と弾丸が与えられることもあったが、それは飢えと渇きが堪え難くなったとき、自殺して苦しみを絶つためだった。

　ラウザ船長は、その後アメリカ水域で暴れ回ったが、この契約がどのくらい実行されたかはわからない。しかし、のちにラウザとマッセイの間で、掠奪の方法について対立が起こったとき、あわや爆発点に達するかと思われたが、話し合いで袂《たもと》を分かつことが決められたから、合議制の基本原則は守られたわけである。

　マッセイはその後ジャマイカに行って総督に降伏し、ラウザ捜索の助けをすることを申し出た。総督は彼を歓迎して自由を与えたが、結局イギリスに帰ってから海事法廷で裁判に付され、有罪の判決を受けて絞首刑となった。

　他方ラウザは、カリブ海や北アメリカ沿岸で海賊行為を続けた。ベネスエラのクマナー沖の小島ブランキリャで必要な船底清掃をおこなっている間に、南海会社所属のイーグル号の奇襲を受け、一二人の部下たちとともに船室の窓から脱出して、森の中に逃げ込んだ。一二人のうち九人までは捜索隊に逮捕されたが、ラウザだけはどうしても捕まらなかった。

　ずっとあとになって、島の奥にある森の中の薄い藤色の花が咲いた木の幹に、彼が背をもたせかけ、ピストル自殺をしているのが発見された。

勝利を導くまじない
キャプテン・ウイリアム・ルイスが、敵を追う船足を早めるために、髪の毛を悪魔に捧げている光景。海賊たちの迷信のひとつであった。

財宝を埋める黒ひげ
海賊たちはしばしば人目にたたない無人島に奪った宝を隠した。絵は海賊黒ひげ（左端）とその部下たち（115頁参照）。ハワード・パイル画。

海賊の上陸
スペインの船の防備が良くなるにつれて、海賊たちは陸の町や港を頻繁に襲うようになった。ハワード・パイル画。

海賊船の航跡

捕獲王バーソロミュー・ロバーツ

もしも海賊が捕獲した船の数で評価されるとすれば、疑いもなく第一位にくるのはバーソロミュー・ロバーツ船長だった。一七一九年から二二年までのたった三年間に、四〇〇隻以上の船を捕獲した。そして一七二二年、西アフリカのロペズ岬で王室海軍のフリゲート船との戦いで彼が戦死したことは、海賊の黄金時代の終わりを象徴する事件だった。ここで当時の海賊の行動範囲を見るために、ロバーツの航跡を追ってみよう。

ロバーツは一六八二年、ウェールズのペンブルックシャー、ヘヴァファドウエ

バーソロミュー・ロバーツ
1682―1722年。本文参照。

スト付近で生まれた。大私掠船長モーガンをはじめとして、海賊にはウェールズ出身者がひじょうに多い。少年のとき水夫となったが、一七一九年、奴隷船プリンセス号の航海士としてはじめて彼の名前が現れた。黄金海岸のアンナマボで、同船が西インド諸島に売る奴隷を積み込んでいるとき、当時有名だったハウエル・デイヴィスの海賊船に襲われ、捕虜となった。ロバーツはデイヴィスに勧誘されて、海賊船に加わる決心をした。ところがその直後、デイヴィスが奴隷積出し地であるポルトガル領プリンシペ島の攻撃に失敗し、「闘鶏のように」戦って死んだため、彼がその代わりに海賊船団の指揮をとることになった。

　ロバーツの最初の行動は、デイヴィスの死に対する復讐だった。プリンシペ島の砦は、難攻不落と言われていたが、海賊たちはこれに猛攻撃を加え、占領に成功して砦に乱入し、大砲を海に放りこんだうえ、建物に火をつけて引き揚げた。

　ロバーツは南進して、ギニア通いのオランダ商船を捕まえ、その積み荷を奪ったが、船そのものは船長に返してやった。それからまたロペズ岬に帰って、イギリス船を捕獲し、船員一同の投票によってブラジルに向かうことになった。ブラジルでは、バイーア港で二隻の軍艦に護衛されたリスボア行きの大輸送船団にぶつかった。ロバーツは沖に出ていた護衛の軍艦の目をくぐって、もっとも金目のものを積んでいると思われる商船を襲い、徹底的に掠奪をおこなった。そして船団の間を悠々と抜け、脱出に成功する。このとき掠奪した金貨は五万ポンドにのぼったという。

海賊船の襲撃
1807年のこの絵は、海賊に捕われた船員たちの悲惨な運命を描きだしている。

鞭打ちの刑
海軍、商船を問わず、帆船時代の船員は、士官たちの厳重な統制下にあり、しばしば鞭打ち、監禁などの罰を加えられた。

消灯は午後八時

それから北上して、ギアナ沖で食料輸送船を追跡している最中に、副司令官のウォルター・ケネディが二隻の船で脱走したという報せを受けた。怒ったロバーツは、契約書を起草し、全員に誓約、署名させた。

　これをラウザ船長の起草した契約と比較してみるとおもしろい。基本的な線ではだいたい一致しているが、なかなかお堅い内容で、第三条でトランプやサイコロの賭けは絶対に禁ずるとし、第四条では午後八時を消灯時間とし、それ以後の飲酒は甲板でおこなうよう定めていた。ロバーツは完全な禁酒主義者で、お茶しか飲まなかったという。

　いちばん傑作なのは第六条で、女子供を船に連れ込むことはいっさい禁じ、とくに「女を男装させて船に連れ込んだ者は死刑に処す」とある。獲物の船に女が乗っていた場合、見張りをつけて悶着が起きないようにする。この箇所に注釈をつけて、ジョンソンは、「しかしこの場合

賭博に興じる海賊たち
船上ではたびたび賭博がおこなわれたが、時おり争いに発展したため、バーソロミュー・ロバーツのように規則で禁止した船長もいた。ハワード・パイル画。

も、だれが見張りにつくかで争いが起こる。多くの場合、もっとも粗暴な男が見張りにつくが、見張りになった男は女の貞操を守って、自分以外の者が彼女と寝るのを許さないのである」と言っている。

　ケネディが逃亡したあと、食料に窮していたロバーツはバルバドス島の方角に向かい、何隻かの商船を襲撃し、小アンティル諸島のマルティニック島やグレナディン諸島まで下った。一七二〇年六月のことだったが、それから北上してニューファンドランドの沿岸で港を掠奪し、見つけた船はぜんぶ焼いたり沈めたりした。

ロペズ岬での最期

　その後ロバーツは、ニューファンドランドからふたたび西インド諸島に向かい、補給のためセント・キッツ島、セント・バーソロミュー島に寄港してから、西アフリカ海岸に行こうとしたものの、風に流され、大西洋を逆戻りしなければならなかった。そこでスリナム海岸に向かい、さらにバルバドス島から北上してエスパニョラ島に着いた。一七二一年半ば、ロバーツはセネガル河口沖に着いた。そこではフランス人が奴隷と樹脂と象牙の貿易を独占していたので、高価な積み荷を載せたフランス船が容易に見つかった。

　しかしこのとき、王室海軍のスワロウ号がオウグル船長の指揮のもと、ロバーツを追っていた。そして一七二二年二月五日、ついにロペズ岬沖で発見されてしまう。

　ロバーツは、豪華なダマスク織のチョッキとズボンを着、赤い羽根を帽子に差し、首の周りにはダイヤモンドをはめ込んだ十字架を下げた重い金の鎖をつけ、手に剣を握り、二挺のピストルを絹紐の両端に結んで首にかけていた。彼は黒旗を掲げ、敵船に近づくや砲火を浴びせかけ、全速力で脱出しようとした。しかし、不運にも風向きが悪く、部下たちの多くは泥酔状態で使いものにならなかった。ロバーツは、ブドウ弾（散弾）がのどに命中して死亡した。彼は生前の希望にしたがって、完全な衣裳を身につけ、武器・装身具ともども舷側から海に投げ込まれた。

　有能な指揮者がいなくなったので、海賊たちは意気沮《そ》喪《そう》して投降し、その大部分がコルソ岬でおこなわれた海事裁判所の判決を受けて絞首刑に処せられたことは、本章の冒頭ですでに述べたとおりである。

ふたりの女海賊

ジャック・ラカム

ジャック・ラカムは、キャリコ（更紗）の下着が好きだったために、キャリコ・ジャックと呼ばれた海賊である。船長になったのは一七一八年だったが、その直後、ウッズ・ロジャーズ船長が、恩赦を条件に海賊たちに投降を勧告するため、ジョージ一世の特使としてニュー・プロヴィデンス島に到着したとき、それを嘲笑して島を脱出した海賊のひとりである。威勢よく国王に反逆してはみたものの、イギリスの艦船の見張りが厳重になったので、カリブ海の小さな島々を回って、苦しい生活を続けた。食料が不足しただけでなく、人手が足りなかったから、各地で勧誘をおこなって、仲間を増強しなければならなかった。

こうして島々を転々として荒らし回っていたことが、ラカムにとって致命傷となった。オチョ・リオスで彼の手を逃れたカヌーが、ジャマイカ総督のサー・ニコラス・ロウズに通報し、総督はジョナサン・バーネット船長に武装したスループ船（一本マストの縦帆船）を与え、追跡命令を出したのである。

そのときキャリコ・ジャックは、ジャマイカ西岸のネグリル岬の近くの湾に停泊して、手下たちと酒盛りをしていた。バーネット船長の帆船を見て、キャリコ・ジャックは急いで船を出し、逃走しようとしたが、バーネットの快速船に追いつかれて、剣やピストルを持った敵に雪崩《なだ》れ込まれ、苦戦した。

ジャック・ラカム　？―1720年。本文参照。

血なまぐさい戦闘の末、甲板から海賊たちの姿がいなくなった。たったふたりだけが、あとに踏み止まり、孤軍奮闘した。このふたりの海賊たちは、すっかりあわてて船内に逃げ込んだ仲間たちの不《ふ》甲《が》斐《い》なさに呪いの声をあげて戦闘の継続を訴え、それでも尻込みして戦わないと見ると、ひとりがいきなり船倉にピストルを撃ちこんで、脱走者をひとり殺し、何人かを傷つけた。しかし、それほど勇猛なふたりも、やがて敵の数に圧倒されて降伏し、捕虜となった。

二週間後、バーネット船長はポート・ロイヤルに入港し、総督の称賛を受け、二〇〇ポンドの賞金を受領した。

ラカムの逮捕は、人を驚かすニュースだったが、一七二〇年一一月一六日、海事裁判所で裁判が開かれ、判決が下された。船長ジャック・ラカムはじめ五人が、翌日ポート・ロイヤルで処刑され、残り四人は翌々日キングストンで処刑された。ラカムははじめふたりの遺体は、あとで絞首台から下ろされて、鎖で吊り下げられ、さらしものにされた。

キャリコ・ジャックの船で最後まで戦ったふたりの海賊も有罪の判決を受け、絞首刑が確定した。そして、死刑の判決に対してなにか申し述べることがあるか、と尋ねられると、ふたりとも大きくなった腹を見せて、じぶんたちには間もなく子供が産まれるから、刑の執行を猶予してほしい、と願い出た。最後まで戦ったあのふたりの猛者《もさ》は男ではなく、男装した女性、アン・ボニイとメアリ・リードだったのである。

このふたりの海のアマゾネスの数奇な放浪の生涯は、チャールズ・ジョンソンの『海賊史』に書かれているが、彼自身つぎのように言っている。

「彼らの放浪の奇異な諸事件は、全部作り話と思う人がいるであろうような、驚くべきものである……しかし、何百人という人たちが証言している。つまり、裁判のときジャマイカにおり、彼女らが女性とわかったとき、その身の上話を聞いた、たくさんの人がいるのである」

ジョンソンは、裁判の四年後に書いており、裁判の公式記録には、彼女らの「奇異な諸事件」についてはなにも書かれていない。たぶん事実と、世間の噂話と、フィクションが混ざり合って後世に伝えられたのであろう。

多くの点でアンとメアリの生涯はよく似ている。ふたりともごく若いころ必要に迫られて正体を隠し、男として振る舞った。ふたりとも海賊旗のもとに航海し、しかも、同じ船に乗り組むよう宿命づけられた。ただしお互いが女性であることを知ったのは、あの最後の戦いの寸前であったという。

メアリ・リード　？―1721年。決闘に勝利し、自分が女であると明かしている。

メアリ・リード

メアリ・リードはイギリスで生まれた。母親は、若いとき結婚したが、夫は結婚直後航海に出て、二度と帰らなかった。間もなく男の子が産まれたが、改めて彼女の腹が大きくなったので、田舎に逃避して子を産んだ。子供は女で、メアリと名づけられた。そして、やがてその男の子が死んだので、母親はメアリに彼の衣服を着せ、男として通すことにした。

こうしてメアリは少年として育てられ、ある年齢に達したとき、フランスの某貴夫人の小姓になった。しかしすぐその仕事に飽きてしまい、だんだんと大胆不敵な行動に走るようになって、男としてイギリスの軍艦に乗り組んだ。しかし、これもすぐ脱走し、次にフランドル地方の歩兵連隊の見習い士官となったが、その勇敢な行動は上官たちの称賛を受けた。

やがてメアリは、仲間の兵士のひとりと恋に堕ちた。彼とは寝室を共にし、武器をとっていつも組んで行動した。そして彼女は、「それとなく、じぶんが女であることを、相手に悟らせる方法を思いついた」

彼女は戦争が終わると、じぶんが女であることを公にし、以前の戦友と結婚して、連隊中の者たちの度胆を抜いた。ふたりはブレーダに移り、「三つの蹄鉄《ていてつ》」という名の居酒屋を開いた。店は繁盛したものの、夫が急死し、彼女は酒場を閉めなければならなかった。

苦況に陥った彼女は、またもや、男の服を着るようになり、オランダに戻って歩兵連隊に入ったが、まもなくそこも去って、カリブ海に行くオランダ船の船客となった。しかしいくらも航海しないうちに、船はあるイギリスの海賊に捕らえられ、掠奪を受けた。一説によると、このときの海賊船長は、キャリコ・ジャックその人だったという。メアリは海賊船の仲間に入らないかと誘われ、すぐさま承知した。しかし、彼女が女であることは知られずにすんだ。そのときは気付かなかったが、その船にはもうひとり男装の女性船員が乗っていた。その名はアン・ボニイだった。

アン・ボニイ

アンもメアリと同じく私生児だった。父親は、アイルランド、コーク州の弁護士、母親はその家の女中だった。そして、弁護士の妻が病気のため田舎で静養している間に、女中が妊娠した。しばらくして女中は女の子を産み、弁護士はその娘を養子にし、アンと名付けた。そして、その素性を隠すため、娘に男の子の衣裳を着せて、親戚の子だと称したが、その嘘はたちどころに妻にばれた。居たたまれなくなった弁護士は、女中とアンを連れてアメリカに渡り、キャロライナで農園を開いて、大成功をおさめた。

このようにアンは恵まれた環境で育ったわけだが、気性の激しい子で、あるとき癇癪《かんしゃく》を起こして、家で使っていたイギリス人の女中をナイフで刺し殺してしまった、という話がある。とにかくひじょうに腕っ節《ぶし》が強かったことは事実であったらしく、あるときひとりの若い男が、アンが嫌がるのに無理やりに性的関係を迫ったため、彼女にしたたかに殴られ、長い間寝込んでしまったこともあったという。

父親は大農園主として、娘に良縁を見つけて、幸福な暮らしをさせたいと思ったが、アンは親の期待を裏切った。ジョン・ボニイという根なし草の水夫と恋に落ちて結婚してしまったからである。ふたりは放浪生活をし、アメリカ東海岸のニュー・プロヴィデンスにやって来た。

そのころ伊達《だて》男のキャリコ・ジャックもニュー・プロヴィデンスに来ていた。この島でアンはキャリコを知って恋に落ちた。ラカムも彼女に言い寄り、ふたりして出奔して海に出た。

アンは海上で身ごもり、キューバで降

アン・ボニイ
勇敢な海賊として有名だった彼女は、裁判にかけられたときはじめて妊娠していることがわかり、死刑の執行が延期された。彼女の父は有力者だったため、いつの間にか刑の執行はうやむやになってしまった。

りて出産すると、またラカムに呼ばれて船に乗り、男装して、戦闘にも積極的に参加した。

そして、そこでメアリと知り合ったのである。ふたりは親友となり、いつも並んで戦った。このように親密になったことが、結局おのおののほんとうの姿を暴露する原因になった。つまり、メアリをハンサムな若者と思ってアンが恋に陥ったとき、彼女のほうから自分の性の秘密を相手に打ち明けたのである。アンはいたく落胆した。

女海賊の裁判

ラカムは、処刑の日の朝、特別に恋人からの訪問を許された。面会は短く、映画や芝居で期待されるような哀調の幕切れではなかった。勝ち気のアンは、ネグリル岬沖でラカムが追手の攻撃を受けたとき、彼が男らしく戦わなかったことにまだ腹を立てていて、なぐさめのことばひとつかけてやらなかったという。「あんたがちゃんと戦ってりゃ、イヌコロみたいに首を吊られることなんぞなかったんだよ」と言ったそうである。

アン・ボニイとメアリ・リードは、女であるとわかったとき、男たちとはべつに裁判することが命ぜられた。裁判は、ラカムたちが処刑された一週間あまりあとの一一月二八日におこなわれ、多くの証人が喚問された。その中《うち》の何人かは、彼女らが男装した女性であることを証言しているし、アンもメアリも「ひじょうに品が悪く、きたないことばで罵って、どんなことでも平気でやってのけた」と述べた証人もいた。

ふたりの女海賊に下された判決は死刑だったが、彼女らが妊娠していると訴えたので、「検査」がおこなわれた結果、確認され、刑の執行は延期された。

結局ふたりとも、絞首台には行かなかった。メアリのほうは、お産の床《とこ》で熱病にかかり、死亡した。埋葬は一七二一年四月二八日におこなわれたことが、記録に残っている。

アンは、牢の中で出産したが、何度か刑の執行を延期されてゆくうちに、どこかに消えていってしまった。前に述べたように、父親がキャロライナで農園を経営しており、有力者にコネを持っていたため、なんらかの裏取引があったのではないかと言われる。

column

海賊黒ひげ

エドワード・ティーチ船長と聞いてだれかわからない人も、海賊黒ひげと言えば、すぐうなずくだろう。おそらく彼は、もっとも有名な海賊のひとりである。海賊の例にたがわず、出生や前半生は不明である。彼が有名になったのは、「密生した毛が顔全体を覆った」顔が恐ろしげであり、また行動のほうも、それに見合ってすこぶる獰猛《どうもう》、残忍だったからである。ひげは伸びほうだいで、それをいくつもの房に編み、リボンを結んで、耳の上にたくしあげていた。そして戦闘がはじまると、硝石《しょうせき》をすりこんでよく燃える大麻を、編み毛や帽子の下に結びつけた。それが顔の両側で燃えると、もともと恐ろしく、血走った目が、円を描く煙の中から怪しく光って、「どんなに想像力をはたらかせても、あれより恐ろしい地獄の怒りのすがたを思い浮かべることができないほどである」、とチャールズ・ジョンソンは『海賊史』のなかで言っている。

　あるときなど、部下たちと部屋で酒を飲んでいる最中に、二挺の拳銃をテーブルの下で交差させて持ち、やみくもに発射して、ひとりの膝を撃ち抜いてしまった。なんのためにそんなことをしたのかと問われて、ティーチは怒り狂って相手をののしり、ときどきおめえたちのだれかを殺してなきゃあ、おれ様がだれか、おめえたち忘れっちまうだろうが、と毒づいたという。酒は浴びるように飲み、おれはオールド・ニックだと言い放った。オールド・ニックとは

海賊黒ひげ
本名エドワード・ティーチ。うしろに見える船は、黒ひげのクイーン・アンズ・リヴェンジ号。

column

悪魔のことである。

黒ひげは、最初のうち主に小アンティル諸島で海賊業をはたらいたが、やがて北アメリカ大陸に進出し、ペンシルヴァニアから南カロライナまでの海岸で、掠奪し密輸品を売りさばき、大きな収益をあげた。一七世紀に定められた航海法が当時まだ有効だったため、植民者たちは安い密輸品を欲したのである。おまけに、現地の役人たちの腐敗があった。とくに、北カロライナ地方の総督チャールズ・イーデンやその秘書トバイアス・ナイトは、黒ひげと結託して甘い汁を吸っていたので、現地の人々の海賊取締りの要請に応じようとしなかった。このイーデンという男は、黒ひげの結婚の仲立ちまでしているが、相手は一六歳の少女で、黒ひげにとっては一四人目の妻だったという。彼はこの若妻を、五、六人の手下たちのなぐさみものとすることを許した、という話が伝わっている。

北カロライナの住民たちは、ついにヴァージニア総督のスポッツウッドを動かし、その結果「ヴァージニア植民地かノース・カロライナ植民地の内部で」ティーチを捕らえた場合には一〇〇ポンドの賞金を出す、という決議が、一七一八年一一月一四日付けでヴァージニア議会を通過した。これにもとづいて、イギリスの軍艦ライム号の乗組員たちが、ロバート・メナド中尉の指揮のもとに二隻のスループ船に乗組み、オクラコウク湾の奥でティーチを捕捉して、激しい戦闘ののち彼をはじめとする多くの海賊を殺した。ティーチは狂気のごとく戦い、二五の傷をうけて死んだという。

メナドは、黒ひげの恐ろしい首を、船首に突き出た円材に吊して、町まで川をさかのぼった。海賊船の船倉からは、砂糖、ココア、インディゴ、綿などが見つかり、ティーチと総督、およびナイトとの共犯関係を示す多数の書簡類も発見された。

メナドは意気揚々としてヴァージニアに帰還したが、黒ひげの首は、まだ船首で揺り動いていた、と言われる。

黒ひげの処刑
海賊黒髭を処刑したメナド中尉は、彼の首を船首の柱に下げて、ヴァージニアに帰還したという。

幻のユートピア

ジョン・エイヴァリ
エイヴァリは“大海賊”と呼ばれた18世紀の海賊で、2隻のムガール帝国の宝船を捕獲して有名になった。

海賊キッド

一五世紀末以来、インド洋にはヨーロッパの勢力が侵入し、インド、ペルシャ、アフリカ、東南アジアなどは、その豊かな物産を狙う海賊たちの好餌となっていた。インド洋はその東の南シナ海を合わせて豊かな物資に恵まれ、ダウ船（低くて大きい三角帆の船）やジャンク（小型の帆船）の往来が激しかったから、大西洋を追われたヨーロッパの海賊たちが、一八世紀以後に侵入してきたのも当然であった。

彼らは、インド航路に近く、物産も豊富なマダガスカル島に目をつけ、ここに巣窟《そうくつ》を作りはじめた。早くも一七世紀の半ば、フランソワ・コウシュとレジモンのふたりのフランス人海賊がこの島を根城にして、紅海の入り口でエジプトとインド間を通う商船を襲っていた。間もなくイギリス人もマダガスカル島に注目し、メアリ・リード、エドワード・ティーチ、デイヴィッド・ウィリアムズなどの海賊が名をはせた。しかし、もっとも有名な名前は、イギリス人のジョン・エイヴァリ、ウィリアム・キッドおよびフランス人のミソンの三人であろう。このなかで、おそらく日本人にとってもっとも耳に馴染みがあるのは、キッドである。

キッドは、私掠船船長として西インド諸島で活躍した敏腕の船乗りだったが、のちにウィリアム三世の委嘱《いしょく》を受け、「アメリカ沿岸およびその他の海域」で活動する海賊たちを取り締まるよう委任状を下付され、一六九六年五月、アドヴェンチャー号でプリマスを出帆した。まずニュー・ヨークに寄港して海員の補充をおこない、一五〇人を乗せてマダガスカルに向かって、一六九七年二月にこの島に到着した。

はじめ、彼には掠奪の意図はなかったようである。しかしマダガスカル到着の直後から海賊行為を開始し、やがてインドのマラバル海岸でポルトガル船、オランダ船、イスラム商人の船などを襲い、しこたま財宝をため込んだ。

それだけでなく、彼は香料諸島にまで足をのばして掠奪をおこなった。彼の海賊行為は政府の知るところとなったが、国王の海賊特赦令が出たのを知ってイギリスに帰ったものの捕まってしまう。砲術長を殺害した罪で裁判にかけられ、一七〇一年五月二三日、絞首刑に処せられた。

ジョン・エイヴァリ船長

ジョン・エイヴァリは、はじめ私掠船の士官となってブリストルを出帆したが、途中で勧誘を受けて海賊になることを決心し、仲間とともに船を乗っ取って西アフリカを南下し、マダガスカル島に到着した。

やがて彼は、願ってもない機会が訪れたのを知る。ムガール帝国の六隻よりなる船隊が、メッカへの巡礼から戻ってくるデリーの宮廷の高官たちを待ち受けて、アラビア半島南岸のモカに入港していることを知ったのである。エイヴァリは、暴風雨に妨げられながらも、六隻の大型船のうちの一隻に攻撃を加えて、これを拿捕した。

夢のような話だが、彼はこの船から途方もない価格の宝石と金を奪っただけでなく、美しいムガール皇帝の娘に出会ってたちまち恋に落ちた。たまたま海賊たちのなかにいたプロテスタントの牧師に多額の金を与えて、結婚式を挙げさせたという。そして、捕虜にした廷臣たちは帰国させたが、奪った船や財宝は妻の父に返そうとはしなかった。

当然のことながら、ムガール皇帝は怒り心頭に発して、東インド会社に厳重に抗議したが、エイヴァリはそれを無視した。

晩年の彼は、北アメリカ経由で故国のアイルランドに帰り、奪った宝石類を換金しようとした。だがロンドンの詐欺師たちにだまされて財産を失い、貧困のうちに晩年を送ったという。

なお、エイヴァリについては、ダニエル・デフォーが『ロビンソン・クルーソー』の第一部と第二部の間で、『海賊王エイヴァリ船長の有名な事業』という小篇を書いて出版している（一七一九年）。またチャールズ・ジョンソンの『海賊史』の第一章も、エイヴァリにあてられているが、「世間では、彼が大ムガール帝国の王女を娶《めと》り、多数の子をもうけて王侯のように暮らしている」と思われており、大武装船隊を擁してヨーロッパと東インドの間の交易を妨げているなどと言われるが、「これらはすべて、軽率で奇談好みの一部の人々によって尾ひれがつけられた、根も葉もない噂話にすぎない」と決めつけている。はっきりと裁判記録に残らないような海賊の生涯は、空想的な粉飾が加えられがちなのである。

自由の国リベルタリア

第三に登場するフランス人のミソン船長も、多分に伝説的な人物である。彼はプロヴァンスの貴族の家に生まれ、若くして海軍士官となったが、ナポリ港に停泊していたとき、ドミニコ会のカラッチオリ修道士と知り合い、その絶対自由主義と平等の理論に強い衝撃を受けた。富んだ人間と赤貧にあえぐ人間との差は、

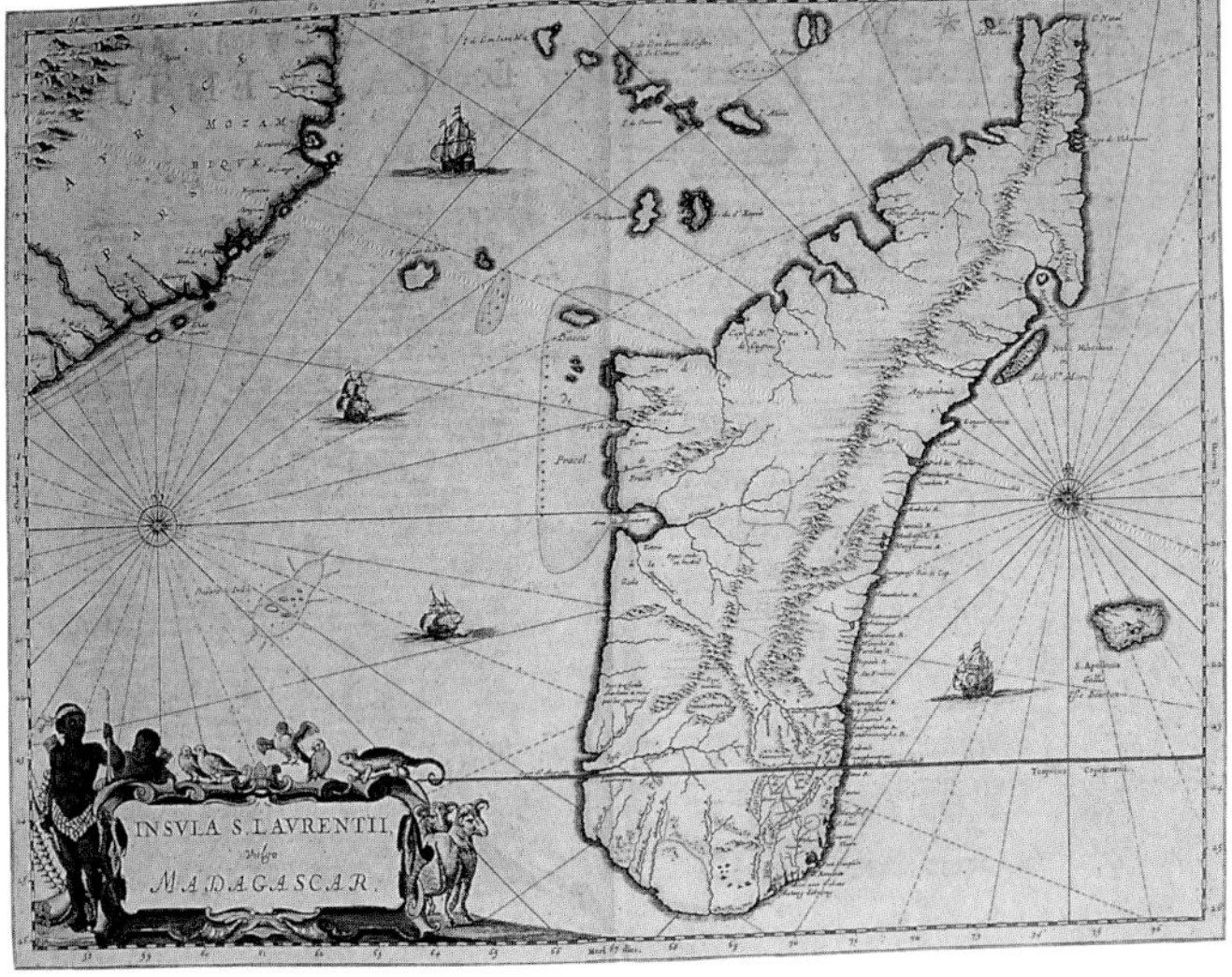

マダガスカル島
17世紀半ばにアムステルダムで印刷された世界地図の中のマダガスカル島。喜望峰からインドに向かって航海する船を襲う海賊船にとっては、絶好の本拠地だった。

要するに強欲と無気力な服従の差にすぎない。人間は本来同じである。自由な生活は、人間の権利に基づくものである。強い家族が弱い家族を強制して奴隷にし、次々にこの強制が拡大して国家が生まれたのである。

　こうした国家観、社会観に動かされたミソンは、カラッチオリとともにマダガスカル島北西のコモロ諸島に移り、海賊行為を繰り返して富を貯えた。マダガスカル島に移って、虐《しいた》げられた者たちのために虐げる者たちと戦い、「正義が平等に分配される」ような理想社会をマダガスカル島に建設しようと考えた。

　ミソンは全体会議を開き、政府を樹立した。所有権は平等に分配され、代議員が法律を作ることになった。ミソンは自由な国家の「管理者」となり、途中から参加してきたアメリカの海賊チュウを海軍提督に、カラッチオリを大臣に選んだ。町はリベルタリア、住民はリベリ人と名付けられ、共通の言葉まで作った。ミソンは「フランス人とか、イギリス人とか、オランダ人とか、アフリカ人というような、人を区別する名前を打ち消してしまいたい」と思ったのであり、リベルタリアをさまざまな文化、民族に対して門を開いたのである。

　こうして、ミソンとその仲間たちは、搾取や資本主義的財産制度や奴隷制、国家の区別などを否定する革新的なユートピアをつくり上げた。しかし、これはフィクションであって、ミソンやカラッチオリという人間や、リベルタリアという土地が存在したかどうかは疑わしい、と言う人たちも少なくない。しかし、一八世紀という時代は、アンシャン・レジームに対する批判が高まり、専制主義に強く反対する動きが起こって、やがてアメリカ合衆国の独立や、フランス革命などが実現された時代であったから、そうした思想が生まれてもべつに不思議はなかったろう。

　海賊たちは自由人だった。ルソーに先立って契約社会の理念を実行に移し、フランス革命の唱える自由、平等、友愛の社会を先取りしようとしていた、とすら言えるかもしれない。もちろん彼らにも矛盾はあった。彼らはしばしば残忍かつ狂暴であり、殺人や暴行を平気でおこなった。ミソンにしても、その自由のユートピアを建設しながら、海賊としての掠奪は続行していたのである。

　リベルタリアの理念が海賊の間に広がっていたことは、疑いを容れない。それは、当時の各国の指導者たちが、植民地や海賊の社会に、反逆者たちが一種の共同体をつくり上げはしないかと恐れていたことを見てもわかる。そして実際、アメリカ革命の間に捕虜になった何千人もの船乗りたちが、「海賊」および「反逆者」の罪名のもとに監獄や囚人船に追い込まれたとき、彼らはすみやかにリベルタリアのような組織をつくり、自治を獲得して「平等主義」、「集団主義」および革命的理念への献身を特徴とする社会をつくり上げたのである。このように監獄の壁の中にでき上がったリベルタリアの状態を見て、ある船長は、「放縦《ほうじゅう》で良き秩序などわきまえず、統制することがむずかしいあの連中が……」と言って驚いたそうである。

マダガスカルのリベルタリアに話を戻すと、ミソンは理想郷の状態に安心しきって、海しか警戒しなかった。ところが彼が海上の掠奪に出かけた不在のときを狙い、マダガスカル島の住民が、夜陰に紛れてリベルタリアに侵入し、住民を虐殺してしまったと伝えられる。遠征から帰ったミソンはこれを見て落胆し、もはやリベルタリアは再建不可能と判断してヨーロッパに戻ろうとしたが、途中で難破して、船とともに海底の藻屑となったという。

最後のバッカニア

美男子ジャン・ラフィット

最後の偉大なバッカニアは、フランス人、ジャン・ラフィットであろう。いわゆる〝海賊の時代〟が終わったあとの世代の人で、一七九二年にハイチのポルトープランスに生まれ、若いときから、イギリス、スペインの船を対象に、インド洋で私掠行為をおこなっていた。一説によると、奴隷貿易にも従事したという。

しばらくしてからカリブ海に移り、ルイジアナに基地を求めた。ルイジアナは、そのころナポレオンから、独立したてのアメリカ合衆国に譲られたばかりで、まだアメリカ人はあまり住み着いておらず、住民の大部分はフランス人だった。ラフィットはミシシッピー河口のバラタリア島に落ち着き、ニュー・オーリアンズの住民たちを相手に密輸をおこない、また私掠行為をおこなった。

ラフィットは、人目に着くような美男子であり、人好きもよく、また知性的な一面もあった。そこでニュー・オーリアンズの人々にも評判がよかった。彼は〝自由な貿易商〟として振る舞った。しかし、彼がバッカニアであることは、公然の事実だった。やがてルイジアナがアメリカ合衆国の州となり、人口も増えたので、初代州知事クレボーンは、一八一二年、バラタリアの海賊を非難する布告を出して、その禁止を訴えたが、ニュー・オーリアンズ市民は、バラタリアに行って安い密輸品を購入することを好んだ。したがってラフィットの商売も繁盛したわけである。

これより早く、一八一二年六月一九日、いわゆる一八一二年戦争が起こった。これはイギリスが、未練がましくアメリカ合衆国の船舶の航行や貿易に干渉し、アメリカ人船員を強制徴用するので、合衆国大統領や議会が反発したために起こった。ルイジアナのフランス人の私掠船も、この戦争を利用して大いに実績を上げた。

それだけでなく、彼らはバラタリアを攻撃しようとした、二隻のイギリスのスループ船を散々な目に遭《あ》わせて退却させた。

翌年九月三日、イギリス海軍はもし大英帝国に奉仕するならば、貴殿を大尉に任じ、土地と三万ドルの金を約束しようとラフィットに申し出た。彼はこのことを州知事に通報して協力を申し出たが、アメリカ側はそれを斥《しりぞ》けただけでなく、この機会に海賊を一掃しようと、バラタリアに攻撃をかけた。いくらかの海賊が捕らえられたが、大部分はラフィットとともにミシシッピ河口の沼沢地帯に逃れた。

この事件の間にジャクソン将軍がニュー・オーリアンズに到着した。彼はルイジアナ地方の「海賊や山賊の悪者共」に怒っていたが、ラフィットが彼に州知事への提案をくりかえしたとき、彼らを戦力として利用する決意をした。一八一五年一月八日、ラフィットの部隊は、フランスの老練な私掠船長のドミニック・ユーとブリッシュの指揮のもとにアメリカ軍と協力して戦い、イギリス軍を撃退することに成功した。この勝利によって、ジャクスンは一躍国民的な英雄に祭りあげられ、マディスン大統領は、協力した海賊たちに感謝して赦免を与えた。

海賊はやめられない

それ以後ラフィットは、真面目で紳士的な貿易商となってニュー・オーリアンズに住み、住民たちから尊敬されていたが、やがて退屈して、より自由なテキサスのギャルヴェストンに移った。そしてふたたび私掠船船長となり、メキシコ政府から免許状をもらって、スペイン船を襲った。ただしその他の国籍の船も襲って、だいぶ海賊的な仕事もした。

そのあたりから、彼の伝記はひじょうに曖昧になる。金の延べ棒をルイジアナ海岸のどこかに埋めたとか、短いワシントン滞在中に「上流階級と交際して」六万ドルを使い果たしたとか、テキサス共和国の政府からギャルヴェストン知事に任命されたとか、いろいろな話がある。

その最期についても伝説的で、一応イリノイ州南西部のオールトンで没したということになっているが、ユカタン半島のジャングルの中でのたれ死にをしたとか、イギリス海軍のスループ船に追い詰められて、その艦長を刺殺して死んだ、という話もある。

ニュー・オーリアンズの戦いでのラフィットの奮戦を扱ったハリウッド映画『大海賊』がある。ジャン・ラフィットがユル・ブリナー、アンドルー・ジャクスンがチャールトン・ヘストン、ドミニック・ユーがシャルル・ボワイエという配役で、監督はアンソニー・クイン、制作はセシル・B・デミルという豪華な顔触れで、一九五八年に作られた色彩映画である。

ジャン・ラフィット
1812年戦争でアメリカ合衆国側に立ち、ニュー・オーリンズの防衛でアンドリュー・ジャクソンに協力した。

悔い改めはその場だけ、
航海ばかりしている俺だ、
航海ばかりしている俺だ。
悔い改めはその場だけ、
航海ばかりしている俺だ。
誓いは全部忘れたぜ、
破滅の道こそわが運命、
航海ばかりしている俺だ。

さらば、怒濤の海原よ、
俺が死んで行くからには、
俺が死んで行くからには。
さらば、怒濤の海原よ、
俺が死んで行くからには。
さらば、怒濤の海原よ、
トルコ、フランス、スペインへ、
つながる海よ、いざさらば。
二度と再び会うこともない、
俺が死んでいくからには。

グース作『海賊紳士録』所載
「キッドのバラード」より抜粋

1588	イギリス、スペインの無敵艦隊を撃退
	アリ・ベイ、再度東アフリカ諸港を襲うが、翌年捕虜となる
1589	ドレイク、リスボア攻撃。上陸に失敗し、西インド諸島を襲うが成功せず
1590	ホーキンズ、フロビッシャ、アソーレス諸島攻撃に失敗
1593	ラングトン、サント・ドミンゴ、ラ・マルガリータ等攻撃
1594	ランカスター、ブラジルのペルナンブーコ襲撃
1595	ドレイク、ホーキンズ、最後の西インド諸島航海。ホーキンズ病没
1596	ドレイク、プエルト・ベリョ沖で死亡
1603	エリザベス1世没
	アイルランドの女海賊グレース・オマリ没
1626	イングランドのバルバドス植民
1627	アルジェ船、デンマーク、アイルランドを侵略
1628	オランダ人ピート・ハイン、ハバナ港のスペイン船団襲撃
1628-63	80隻のフランス船がバルバリア海賊に襲われる
1630	バッカニア、トルトゥーガ島に移る
1631	ムラード・ルイス、イングランド沿岸を襲う
1632	オランダ人、アフリカのエルミナ占領。アメリカへの奴隷貿易の基地とする
1651	航海法、イングランド議会通過
1655	ジャマイカ、占拠されて英領になる
1667	バッカニアの頭目エドワルド・マンスヴェルド没、ヘンリ・モーガンが後継者となる
1668	モーガン、ポルトベロ、マラカイボ等を襲撃
1670	モーガンのパナマ占領
	この年マドリード条約によってスペイン、イングランドの和睦
1674-82	モーガン、ジャマイカ副総督となる
1680-90頃	英仏のバッカニアの集団、太平洋計画に乗り出し、カリフォルニア半島から中央アメリカにかけての海岸地方を荒らしまわる
1688	モーガン没
1692	ジャマイカのポート・ロイヤルで大地震、市は壊滅
1694	フランス、ジャマイカを占領しようとして失敗
1699	海賊取締条例、イングランド議会を通過
1701	ウイリアム・キッド処刑される
1713	ユトレヒト条約
1716-26	約600人のイギリス人とアメリカ人の海賊処刑される
1717	エドワード・ティーチ(黒ひげ)、オクラコウク湾で殺される
	ウッズ・ロジャーズ、総督としてバハマ諸島に到着。海賊に対する特赦令を布告する
	ハウエル・デイヴィス、海賊となる
1718-22	サー・ニコラス・ロウズ、ジャマイカ総督となる
1719	バーソロミュー・ロバーツ、海賊となる
1720	ジャック・ラカム、絞首刑となる
1721	メアリ・リード、ジャマイカで獄死
	ジョージ・ラウザ、海賊となる
	海賊取締法制定
1722	41名の海賊がジャマイカで絞首刑となる
1723	17人の海賊がアンティグアで絞首刑となる
1726	ニコラス・ブラウン死す
1729	南北キャロライナが王領植民地となる。北キャロライナは海賊、私掠船と非公式の関係を保った
1776	アメリカ合衆国独立宣言
1815	ジャン・ラフィット、1812年戦争において、アンドルー・ジャクソンのニュー・オーリアンズの防衛に協力する

海賊史略年表

B.C.

前13世紀末	「海の民」のレヴァント各地域襲撃
12世紀	フェニキア人の海外活動始まる
	つづいてギリシャ人の海外活動
600	マッシリア(マルセイユ)建設
264-146	ポエニ戦争、カルタゴの滅亡
229	イリューリア、ローマに敗れる
140頃-前1世紀	キリキアの海賊の活動
81	カエサル、海賊の捕虜となる
67	ポントス王国のミトリダテス自殺
	ポンペイウス、キリキアの海賊討伐

A.D.

476	西ローマ帝国滅亡、東地中海の海賊活動が盛んになる
789	イングランド、ドーセットにヴァイキングの来襲
799	ヴァイキング、はじめて大陸部に来襲
8-11世紀	ヴァイキング、ヨーロッパ各地に侵入、アイスランド、グリーンランドを経て北アメリカ大陸北端まで到達
1241	ハンザ同盟成立
13-14世紀	ヴィタリエンブリューダーの活動
1400	シュテルドベーカーの処刑
	ヘンツ・ラインの処刑
1453	メフメト２世コンスタンティノープル奪取
	オスマン、海軍創建を決意
1504	ウルージ・バルバロッサ、ユリウス２世の船舶を捕らえる
1516	アンドレア・ドリア、ジェノヴァの大提督となる
1518	ウルージ戦死
1519	ハイルッディン・バルバロッサ、アルジェのベグレルベク(大提督)に任命される
1522	フランスの海賊ジャン・フレリ、アソーレス諸島沖でスペインに送られるアステカの宝を奪取
	このころ大西洋におけるフランス私掠船の活動が盛んになる
	オスマン軍、ロードス島占領
1529	ハイルッディン、アルジェのペニョン要塞を占領
1530年代	ブラジル近海でのフランス私掠船の活動
1534	ハイルッディン、チュニス占領
1535	カルロス１世、チュニスに派兵してハイルッディンを追い出す
1538	プレヴェザの海戦
1541	カルロス１世、みずからアルジェを攻撃して失敗
1546	ハイルッディン没
1562-68	ジョン・ホーキンズのアフリカ―カリブ海航海
1565	オスマン軍マルタ島攻撃失敗
1568	サン・ファン・デ・ウルーア事件
1571	レパントの海戦
1572-73	フランシス・ドレイク、ノンブレ・デ・ディオス襲撃
1573	クライン・ヘンツライン、ハンブルクで処刑される
1575-80	セルバンテス、アルジェの捕虜となる
1577-80	ドレイク、世界周航
1585-86	ドレイク、サント・ドミンゴ、カルタヘナ強襲
1585	オスマンのミル・アリ・ベイ、東アフリカのポルトガル基地を襲う
1586-88	トマス・キャヴェンディシュ、ドレイクにつづいて世界周航

あとがき

人間の生活が多様な分化をとげ、複雑な組織のもとに統合され、正当性を唱える主権がそのうえに君臨して、資源や富の流通を支配するようになるやいなや、海賊は発生する。海賊は、富を奪うだけでなく、政治的な主権の正当性を否認し、組織を破壊する負の原理であった。歴史をさかのぼれば、古代国家の周辺には、早くから海賊社会が発生し、その富を奪って繁栄したことがあきらかである。

中世になると、ふたつの大きな集団が登場して、古代ローマ帝国の残存であるビザンツ帝国と、その西に誕生した西欧キリスト教世界を脅かした。北海のヴァイキングと、東地中海のオスマン帝国である。これらはそれ自体が恐るべきモーメンタムをもった海事勢力であり、彼らとの闘争を経て、西ヨーロッパ社会は、近世植民地主義において発揮する軍事主義的実力を貯えることができたのであった。一六〇〇年の歴史がそれを証明する。

このように視ると、海賊の歴史は、多くの歴史家が考えるように、歴史の単なるエピソードではなく、多くの時代の多くの局面において、世界史の本流とかかわる重要性をもつことが納得されるだろう。

本書のなかにはいろいろ特色ある人物が登場するが、一六世紀アイルランドの女海賊グレース・オマリ（グラニュエール）を扱った第六章は、エリザベス一世と渡り合った人物の紹介としてとくに興味深いと思う。そしてその章は、竹内和世氏からすべての資料を提供していただき、増田が執筆したことを明記して、深く感謝申し上げたい。

終わりに、図版、地図の多い複雑な編集の仕事をはたして、本書の刊行を可能ならしめた、河出書房新社編集部の渡辺史絵さんに心から御礼申し上げる。

二〇〇六年初夏

増田義郎

主な参考文献

◆ゴス，フィリップ『海賊の世界史』（朝比奈一郎訳）リブロポート　1994
◆コーディングリ，デイヴィッド『図説海賊大全』（増田義郎監修／訳・竹内和世訳）東洋書林　2000
◆ジャカン，フィリップ『海賊の歴史』（増田義郎監修・後藤淳一／及川美枝訳）創元社・知の再発見双書　2003
◆スタンリー，ジョー『女海賊大全』（竹内和世訳）東洋書林　2003
◆デシャン，ユーベル『海賊』（田辺貞之助訳）白水社・文庫クセジュ　1965
◆別枝達夫『海賊の系譜』誠文堂新光社　1980
◆同上『海事史の舞台』みすず書房　1979
◆マホフスキ，J.『海賊の歴史』（木村武雄編訳）河出書房新社　1975

◆小島敦夫『海賊列伝――古代中世ヨーロッパ海賊の光と影』誠文堂新光社 1985
◆荒正人『ヴァイキング』中公新書　1968
◆プェルトナー，ルードルフ『ヴァイキング・サガ』（木村寿夫訳）　法政大学出版局　1981
◆レーン－プール，スタンリー『バルバリア海賊盛衰記』（前嶋信次訳）リブロポート　1981
◆石島晴夫『スペイン無敵艦隊』原書房　1981
◆石島晴夫『カリブの海賊ヘンリー・モーガン』原書房・大航海者の世界5　1992
◆ウィリアムズ，ネヴィル『ドレイク』（増田義郎企画監修・向井元子訳）原書房・大航海者の世界4　1992
◆杉浦昭典『海賊キャプテン・ドレーク』中公新書　1987
◆エスケメリング，ジョン『カリブの海賊』（石島晴夫編訳）誠文堂新光社　1983
◆ジョンソン，チャールズ『イギリス海賊史』上・下（朝比奈一郎訳）リブロポート 1983
◆ダンピア，ウィリアム『最新世界周航記』（平野敬一訳）岩波書店・17・18世紀大旅行記叢書　1992
◆ロジャーズ，ウッズ『世界巡航記』（平野敬一・小林真紀子訳）岩波書店・17・18世紀大旅行記叢書　2004
◆ブラック，クリントン˙V.『カリブ海の海賊たち』（増田義郎訳）　新潮選書　1990

◆別枝達夫『キャプテン・キッド――権力と海賊の奇妙な関係』中公新書　1965
◆増田義郎『掠奪の海カリブ』岩波新書　1989

◆Andrews, Kenneth R., *Elizabethan Privateering*, Cambridge Univ. Press, 1964.
◆de Souza, Philip, *Piracy in the Greco-Roman World*, Cambridge Univ. Press, 1999.
◆Gerhard, Peter, *Pirates in the Pacific*, 1575–1742, Univ. of Nebraska Press, 1990.
◆Hampden, John, ed., *Francis Drake Priveteer*, Eyre Methuen, 1972.
◆Haring, Clarence H., *The Buccaneers in the West Indies in the XVII Century*, Methuen, 1911.
◆Hebb, David D., *Piracy and the English Government 1616–1642*, Scolar Press, 1994.
◆Julien, Ch.-A., *Les Voyages de découverte et les premiers établissements (XVe-XVIe siècles)*, Presses Universitaires de France, 1947.
◆Kelsey, Harry, *Sir Francis Drake*, Yale Univ. Press, 1998.
◆ditto, *Sir John Hawkins*, Yale University Press, 2003.
◆Logan, F. Donald, *The Viking in History*, 2nd ed., Harper Collins, 1991.
◆Marshall, P.J., *The Oxford History of the British Empire*, Volume II The Eighteenth Century, Oxford, 1998.
◆Quinn, D.B. & Ryan, A.N., *England's Sea Empire*, G.Allen & Unwin, 1983.
◆Pyle, Howard, *The Book of PIRATES*, Dover, 2000.
◆Rediker, Marcus, *Between the Devil and Deep Blue Sea*, Cambridge Univ. Press, 1987.
◆Rogoziński, Jan, *A Brief History of the Caribbean*, Facts on File, 1992.
◆Sauer, Carl Ortwin, *The Early Spanish Main*, University of California Press, 1966.
◆Starkey, David J., *British Privateering Enterprise in the Eighteenth Century*, Univ. Exeter Press, 1990.
◆ditto, *Trade, Plunder and Settlement*, Cambridge Univ. Press, 1984.
◆Williamson, James A., *The Age of Drake*, Adam & Charles Black, 1938.
◆Ditto, *Maritime Enterprise 1485–1558*, Oxford Univ. Press, 1913

資料提供・協力者一覧（敬称略）

アルジェリア民主人民共和国大使館／カナダ観光局／ギリシャ政府観光局／国立海事博物館（イギリス・グリニッジ）／佐藤船舶工芸／スカンジナビア観光局／セブンフォト／竹内和世／パナマ共和国大使館／ヴァイキング船博物館（ノルウェー・オスロ）／船の科学館／ベネズエラ・ボリバル共和国大使館／レバノン共和国大使館／WPS（ワールドフォトサービス）

地図製作：平凡社地図出版

●著者略歴

増田義郎（ますだ・よしお）

一九二八年、東京生まれ。一九五〇年、東京大学卒業。東京大学教授を経て、現在東京大学名誉教授。専攻は文化人類学、イベリア・イベロアメリカ文化史。主な著書に『大航海時代（ヴィジュアル版世界の歴史13）』『黄金の世界史』『掠奪の海カリブ』『物語ラテンアメリカの歴史』『インカ帝国探検記』『太平洋——開かれた海の歴史』など、訳書に『カリブ海の海賊たち』『図説海賊大全』『海賊の歴史』『ドン・フェルナンドの酒場にて』などがある。

ふくろうの本

図説 海賊

二〇〇六年 七 月二〇日初版印刷
二〇〇六年 七 月三〇日初版発行

著者……………増田義郎
装幀・デザイン…………ヒロ工房
発行人……………若森繁男
発行……………河出書房新社
東京都渋谷区千駄ヶ谷二-三二-二
電話 〇三-三四〇四-一二〇一（営業）
〇三-三四〇四-八六一一（編集）
http://www.kawade.co.jp/
印刷……………大日本印刷株式会社
製本……………加藤製本株式会社

ISBN4-309-76084-8
定価はカバー・帯に表示してあります。
落丁・乱丁本はお取替えいたします。